Hugo Blümner

Archäologische Studien zu Lucian

Hugo Blümner

Archäologische Studien zu Lucian

ISBN/EAN: 9783744642729

Hergestellt in Europa, USA, Kanada, Australien, Japan

Cover: Foto ©ninafisch / pixelio.de

Weitere Bücher finden Sie auf **www.hansebooks.com**

Archaeologische

Studien zu Lucian

von

Hugo Blümner.

Breslau.

Verlag von Max Mälzer.

1867.

Seinem hochverehrten Lehrer

Herrn

Professor Otto Jahn

in aufrichtiger Dankbarkeit

gewidmet.

Vorwort.

Dass Lucian einer der ersten, wo nicht der bedeutendste Kunstverständige und Kunstkenner unter den uns erhaltenen Schriftstellern
des Alterthums ist, ist eine schon lange anerkannte, mehrfach ausgesprochene Thatsache.[1]) Keinem, der die Beschreibung der Knidischen
Venus in den *Ἔρωτες* kennt, der die Schilderung des Aëtiontischen
Gemäldes der Hochzeit des Alexander und der Rhoxane oder der Centauren-Familie des Zeuxis gelesen hat, wird es entgangen sein, welch
bedeutendes Talent Lucian für die archäologische Exegese besass; viele
andere Stellen zeigen uns sein richtiges und treffendes Urtheil über
einzelne Künstler sowohl, wie über ganze Kunstepochen. Man hat,
wenn man auf dieses Kunstverständniss des Lucian aufmerksam machte,
dabei zuweilen betont und gewissermassen als Erklärung dafür angegeben,
dass Lucian ja selbst Bildhauer gewesen sei,[2]) wenn auch nur kurze
Zeit, und dass ja auch seine beiden Oheime und sein Grossvater mütter-
licher Seite diese Kunst betrieben hätten; aber mit Unrecht. Wenn
Lucian von seiner kurzen Thätigkeit als Bildhauer (— richtiger würden
wir wohl „Steinmetz" sagen, denn der gute, im „Traum" so vortrefflich geschilderte Oheim, der gleich mit dem Prügeln bei der Hand
ist, wird trotz der schmeichelhaften Anspielungen der *Ἑρμογλυφική*
auf Phidias und Polyklet den Namen „Künstler" in unserm Sinne wohl
schwerlich verdient haben —) etwas profitirt hat, so ist es nur die
Kenntniss der Technik, die wir bei ihm finden; aber die Kenntniss der
Kunstgeschichte hat er sich, wie das bei seiner sonstigen gründlichen
Bildung natürlich ist, ohne Zweifel selbst erworben; und Kunstver-

---

[1]) Vgl. Em. Braun, Neue Jahrb. f. Phil. u. Pädag. 1854 n. 69 S. 279: „Von
allen alten Kunstschriftstellern hat Lucian das tiefste Verständniss dessen, was
die eigentlich künstlerische Erscheinung ausmacht."

[2]) So z. B. Welcker, Alte Denkm. I., 420.

ständniss in dem hohen Grade, wie er es besitzt, lässt sich überhaupt nicht aneignen, das muss angeboren sein. Ausserdem zeigt er sich ja in der Malerei eben so bewandert, wie in der Sculptur. Daher wage ich dreist zu behaupten, dass Lucian auch ohne seine künstlerische Verwandtschaft und ohne seine eigenen Versuche auf diesem Gebiete die Bedeutung für die Kunstgeschichte erlangt hätte, die ihm seine Verdienste um unsre Kenntniss des Kunstcharacters und der Werke verschiedener Meister verschafft haben.

Jedem, der auch nur flüchtig Lucians Schriften durchblättert, wird in's Auge fallen, wie bewandert Lucian in der Geschichte der griechischen Kunst, wie ausgebreitet seine Kenntniss der Denkmäler war. Wenn wir die Schriftsteller, die ex professo über Kunst geschrieben haben, wie Plinius, Pausanias, ausnehmen, finden wir vielleicht keinen unter den Schriftstellern des Alterthums, der so häufig bei Stoffen, die nicht den geringsten Zusammenhang mit der Kunst haben, Gelegenheit findet, über bildende Kunst zu sprechen. Seine Gleichnisse, seine Parallelen, seine Beispiele sind grossentheils aus der Geschichte der Künstler, aus den Denkmälern oder überhaupt aus der Kunst gewählt. Nur daraus erklärt es sich, dass Lucian, der keine einzige, einen direct aus der Kunst entnommenen Gegenstand behandelnde Schrift verfasst hat, für die griechische Kunstgeschichte eine so wichtige, unumgängliche Quelle geworden und bei der Beurtheilung des Kunstcharacters einzelner Künstler und ihrer Werke für uns von weit grösserer Bedeutung ist, als Pausanias, der sich grösstentheils jedes selbstständigen Urtheils enthält, oder Plinius, der die frostigen Witze der Epigrammendichter noch frostiger, weil in Prosa, und oft sogar ohne jedes Verständniss wiederholt. Um so mehr müssen wir es beklagen, dass Lucian kein direct die Kunst betreffendes Thema behandelt hat; wir könnten für solch ein Schriftchen mit Freuden viele mit trockenen, unfruchtbaren Notizen angefüllte Capitel des Plinius hingeben.

Aus dem Gesagten geht zur Genüge hervor, dass eine Zusammenstellung und Besprechung der Stellen bei Lucian, die sich auf Kunst, Künstler und Kunstwerke beziehen, kein abgerundetes Ganze geben kann. Wenn ich es daher unternommen habe, diese Stellen zu sammeln und nach den verschiedenen Gesichtspunkten zu ordnen, so habe ich dabei vor Allem im Auge gehabt, den Standpunkt, den ein gebildeter, kunstverständiger Mann aus einem Zeitalter, wo die Kunst schon tief gesunken und ihrem gänzlichen Verfall nahe war, der Kunstgeschichte gegenüber einnahm, zu zeigen; und das ist der Hauptzweck des ersten Theiles meiner Abhandlung [1]), in dem ich die auf Künstler, Bildhauer wie Maler, bezüglichen Stellen gesammelt und besprochen habe. Freilich sind diese Stellen fast alle schon benutzt, und namentlich hat das Brunn in seiner „Geschichte der griechischen Künstler" gethan; daher habe ich nur hier und da, wo meine Ansichten von denen Brunns und Anderer abwichen, die betreffenden Stellen noch einmal kürzer oder ausführlicher, je nachdem es mir erforderlich schien, besprochen. Während aber diese Stellen bisher immer nur dazu benutzt worden sind, aus ihnen den Kunstcharacter und die Werke der Künstler zu erkennen und zu beurtheilen, ist es meine Absicht bei dieser Arbeit gewesen, Lucians Standpunkt und Kunsturtheil daraus erkennen zu lassen. Die beiden ersten Paragraphen behandeln die Bildhauer und die Maler, im dritten habe ich versucht Lucians Bedeutung als Kunstkenner überhaupt in wenig Zügen darzustellen.

Das zweite Kapitel behandelt die von Lucian theils kurz erwähnten, theils ausführlicher beschriebenen wichtigeren Denkmäler, soweit dieselben noch nicht im ersten Theile bei Gelegenheit der Künstler bereits besprochen sind. Im ersten Paragraphen wird die Schrift περὶ οἴκου mit den darin beschriebenen Gemälden einer eingehenderen Betrachtung unterworfen; im zweiten habe ich nachzuweisen versucht, dass Lucian in den Götter- und Seegesprächen sehr häufig auf Kunstwerke Bezug genommen hat; im dritten werden die übrigen bei ihm erwähnten Denkmäler, welche Beachtung verdienen, kurz abgehandelt.

Im dritten Kapitel endlich war es meine Absicht, einen gedrängten Ueberblick über die Kunst zur Zeit des Lucian zu geben, gedrängt, theils weil der Gegenstand eine ausführlichere Behandlung erfordert, die nicht nur aus Lucian allein, sondern aus einer genauen Kenntniss der gesammten Literatur jener Zeit hervorgehen muss, theils weil Lucian selbst grade hierfür äusserst wenig Daten bietet. Ich habe also nur in der Kürze die wichtigsten Momente hervorgehoben und die betreffenden wenigen Stellen Lucians ihnen einzureihen versucht, wobei ein kleiner Seitenblick auf Dinge, die nicht direct zur Kunst

---

[1]) Derselbe ist in lateinischer Bearbeitung im März vor. Jahres unter dem Titel *De locis Luciani ad artem spectantibus. Particula prima*, als Dissertation erschienen. Ich habe einige Versehen, die damals nicht mehr berichtigt werden konnten, in dieser deutschen Umarbeitung verbessert, wie überhaupt manche Stellen eine ganz andere Gestalt erhalten haben. .

in Beziehung stehen, aber doch mittelbar von Einfluss auf sie sind, wie Kunstkenner, Kunstsammlungen etc. nicht zu vermeiden war.

Schliesslich sei mir noch die Bemerkung gestattet, dass ich, da es mir ferner lag, hier auf Fragen der höhern Kritik einzugehen, nur selten über die Unechtheit oder Echtheit einer Lucianischen Schrift gesprochen und mich meistens damit begnügt habe, die Stellen aus Schriften, welche ich für unecht halte, in Klammern einzuschliessen. Es sind deren übrigens keineswegs viele; grade die Schriften, welche von den meisten Herausgebern für untergeschoben gehalten werden, bieten für unsern Zweck nur sehr wenig.

Erstes Kapitel.

Lucians Urtheile über Kunst, Künstler und Kunstwerke.

§ 1.

Die Bildhauer.

Die Bildhauer der ältesten Zeit können wir hier füglich übergehen: nämlich Dädalus (Philops. 19) und Perilaos oder Perillos (Phal. prior. 11 sqq.); sie werden nur beiläufig erwähnt und bieten an sich, zumal ihre Wirksamkeit mehr dem Mythus, als der Kunstgeschichte angehört, kein besonderes Interesse dar.

Die ältesten Künstler, von denen Lucian ausführlicher spricht und deren Eigenthümlichkeit er betont, sind Hegesias, Kritios und Nesiotes, die Rhet. praec. 9 als „Künstler des alten Stils," τῆς παλαιᾶς ἐργασίας, zusammen erwähnt werden. An jener Stelle ist von einem Redner der alten Schule die Rede; Lucian räth einem Jünglinge, der sich an ihm mit der Frage, wie er Rhetorik treiben solle, gewandt hat, in ironischem Tone, er möchte sich vor diesen alten Rednern in Acht nehmen: εἶτά σε κελεύσει ζηλοῦν ἐκείνους τοὺς ἀρχαίους ἄνδρας, ἕωλα παραδείγματα παρατιθεὶς τῶν λόγων οὐ ῥᾴδια μιμεῖσθαι, οἷα τὰ τῆς παλαιᾶς ἐργασίας ἐστίν, Ἡγησίου καὶ ἀμφὶ Κριτίον καὶ Νησιώτην, ἀπεσφιγμένα καὶ νευρώδη καὶ σκληρὰ καὶ ἀκριβῶς ἀποτεταμένα ταῖς γραμμαῖς. [1])

---

[1]) Sehr mit Unrecht hat Sommerbrodt an dieser Stelle conjicirt und ἀποτετμημένα für ἀποτεταμένα geschrieben. Einige andere Stellen des Lucian zeigen deutlich, dass ἀποτείνειν τὰς γραμμάς ein den alten Kunstschriftstellern sehr geläufiger Ausdruck war, der nach Zeux. 5 direct zur Terminologie der Künstler gehörte und ungefähr dieselbe Bedeutung hatte, wie ἀπευθύνειν (vgl. Imagg. 12). So wird von Gemälden gesagt: ἀποτείναι τὰς γραμμὰς ἐς τὸ εὐθύτατον, (Zeux. 5). und von der knidischen Aphrodite heisst es (Amor. 14): μηροῦ τε καὶ κνήμης ἐπ' εὐθὺ τεταμένης ἄχρι ποδὸς ἠκριβωμένοι ῥυθμοί. Namentlich die letztere Stelle zeigt deutlich, dass die Lucianische Bezeichnung der Werke des Hegesias etc. keineswegs auf die Härte und geringe Vollendung dieser archaischen Werke, sondern auf ihre Trefflichkeit hinsichtlich des ῥυθμός, der Proportion, zu beziehen ist.

Die alte Redeweise des Demosthenes wird also verglichen mit der archaischen Plastik;[1]) und wie das, was von dieser gesagt wird, mutatis mutandis auch für jene gilt, so dürfen wir es umgekehrt auch auf die Plastik anwenden, was von der früheren Rhetorik gesagt wird, dass sie „nicht leicht nachzuahmen sei." Und das mochte sich jenes Zeitalter, das in Literatur und Kunst die alte Zeit wiederzuerwecken bemüht war, recht wohl gesagt sein lassen.

Es wird also von jenen Werken der ältern Kunst gesagt, sie seien ἀπεσφιγμένα, „zusammengeschnürt," d. h. gedrängt, kernig; νευρώδη καὶ σκληρά, „sehnig und hart;" schliesslich ἀκριβῶς ἀποτεταμένα ταῖς γραμμαῖς, „genau gesondert in den Umrissen," d. h. scharf proportionirt. Brunn, (Geschichte d. griech. Künstl. I, 104 fg.) fasst diese Bezeichnungen sämmtlich im tadelnden Sinne, indem er ἀπεσφιγμένα durch „ohne Freiheit und Bewegung" erklärt und meint, in ἀκρ. ἀποτετ. τ. γρ. liege, dass „die einzelnen Theile sich scharf, ohne mildernde Uebergänge von einander absonderten." Mit Recht hat dagegen Emil Braun (Neue Jahrb. f. Philol. u. Pädag. f. 1854 n. 69 p. 279) bemerkt, dass in den Worten Lucians kein Tadel enthalten sei; während die ersten Bezeichnungen nur kurz die Haupteigenthümlichkeiten des archaischen Stiles angeben, liegt in der letzten sogar ein Lob, das überhaupt schon in der ganzen Vergleichung mit dem Stile des Demosthenes, Plato u. A. enthalten ist. „Sehnig und hart" sind die Werke der ältern Kunst allerdings, und das „Zusammengeschnürte" der Glieder können wir noch an den uns erhaltenen Denkmälern jener Periode erkennen: die auffallende Magerkeit des Körpers, wie wir sie z. B. an den Aegineten, an der Stele des Aristion finden, scheint mir die beste Erklärung für jenes Wort zu geben. Was aber die letzte Bezeichnung ἀκρ. ἀποτ. τ. γρ. anlangt, so zieht Braun mit vollem Recht zur Erklärung eine Stelle aus den Imagg. herbei, wo cap. 16 das Bild, welches durch Zusammensetzung der Schönheiten verschiedener Kunstwerke entstanden ist, πάσαις ταῖς γραμμαῖς ἀπηκριβωμένη εἰκών genannt wird. Lucian bezeichnet mit jenen Worten eben die Regelmässigkeit in der Formbildung der ältern Werke, die strenge Proportion, die in allen Gliedern mit der grössten Genauigkeit beobachtet ist (vgl. S. 5 Anm.): das ἀκριβῶς heisst also nicht „scharf" im Sinne von „ohne mildernde Uebergänge," sondern in übertragener Bedeutung, „genau, gewissenhaft." Noch klarer wird das durch die Vergleichung folgender Stellen: Imagg. 12: καί μοι δοκῶ συνεργῶν καὶ αὐτὸς δεήσεσθαι πρὸς τὴν εἰκόνα οὐ πλαστῶν οὐδὲ γραφέων μόνον, ἀλλὰ καὶ φιλοσόφων, ὡς πρός τοὺς ἐκείνων κανόνας ἀπευθῦναι τὸ ἄγαλμα καὶ δεῖξαι κατὰ τὴν ἀρχαίαν πλαστικὴν κατεσκευασμένον. Jup. trag. 33: τίς ὁ σπουδῇ

---

[1]) Aehnlich Demetr. de eloc. § 14: Διὸ καὶ περιεξεσμένον ἔχει τι ἡ ἑρμηνεία ἡ πρὶν καὶ εὐσταλές · ὥσπερ καὶ τὰ ἀρχαῖα ἀγάλματα, ὧν τέχνη ἐδόκει ἡ συστολὴ καὶ ἰσχνότης.

προσιὼν, οὗτος ὁ χαλκοῦς, ὁ εὔγραμμος καὶ εὐπερίγραπτος, ὁ ἀρχαῖος τὴν ἀνάθεσιν τῆς κόμης; — Diese strenge Regelmässigkeit, die bei den Werken des ältern Stiles gelobt wird, findet sich auch bei jenen alten Rednern und Schriftstellern, die Lucian nennt, und diese wird empfohlen im Gegensatz zu der Zügellosigkeit und Willkür, deren sich die modernen Redner eben so sehr, wie die späteren Künstler schuldig machten. — So hat Lucian mit scharfem Auge die Vorzüge der archaischen Plastik erkannt und hervorgehoben; indessen ein Bewunderer jener Epoche, wie wohl Viele seiner Zeitgenossen, war er keineswegs. Er erwähnt daher nur selten Werke aus jener Zeit; Hegesias kommt weiter gar nicht vor, Kritios und Nesiotes oder ihr berühmtestes Werk, Harmodius und Aristogiton, werden nur beiläufig einige Male genannt, Paras. 48 und Philops. 18. Uebrigens brauche ich wohl kaum darauf aufmerksam zu machen, wie deutlich uns jene Beschreibung der archaischen Kunstwerke den Lucian als einen feinen und gewiegten Kunstkenner zeigt: man kann unmöglich mit wenigen Worten treffender das Wesen jener Kunst characterisiren, als es hier geschehen ist.

Auf der Uebergangsstufe zur vollendeten Kunst steht ein Künstler, dessen Bedeutung wir nicht unterschätzen dürfen, ohne die Stellung, welche die Meister des erhabenen Stiles zu ihren Vorgängern einnehmen, gänzlich zu verkennen, Kalamis. Lucian nennt ihn nie zusammen mit andern grossen Künstlern, wenn er beispielshalber die tüchtigsten Meister der Plastik zusammenstellt, ein Beweis, dass er ihn jenen gleich zu stellen nicht wagte; aber dass Kalamis es wohl werth war, ihnen den Weg zu bahnen, geht aus Allem hervor, was uns Lucian von der berühmtesten Statue dieses Bildhauers, der Sosandra, mittheilt. In dem Dialog, der den Titel Εἰκόνες führt, setzt Lucian das Bild der schönen Smyrnaeerin Panthea, der Geliebten des Kaisers Marc Aurel, zusammen aus den Schönheiten verschiedener berühmter Statuen; er wählt dazu die lemnische Athene und die Amazone des Phidias, die knidische Aphrodite des Praxiteles, die Aphrodite in den Gärten von Alkamenes, und endlich die Sosandra des Kalamis. Schon die gute Gesellschaft, in der wir den Kalamis und sein Werk hier finden, kann uns die Bedeutung des Mannes anschaulich machen; und noch mehr erkennen wir das, wenn wir hören, was an ihm gelobt wird; Imagg. 6: ἡ Σωσάνδρα δὲ καὶ ὁ Κάλαμις αἰδοῖ κοσμήσουσιν αὐτὴν καὶ τὸ μειδίαμα σεμνὸν καὶ λεληθὸς ὥσπερ τὸ ἐκείνης ἔσται · καὶ τὸ εὔσταλὲς δὲ καὶ κόσμιον τῆς ἀναβολῆς παρὰ τῆς Σωσάνδρας, πλὴν ὅτι ἀκατακάλυπτος αὕτη ἔσται τὴν κεφαλήν. Es ist klar, dass das Werk ein vortreffliches war; und da es nach Imagg. 4 auf der Akropolis von Athen aufgestellt war, so muss es im höchsten Grade wunderbar erscheinen, dass wir sonst bei keinem Schriftsteller von ihm Nachricht haben. Ueberhaupt herrschen über dies Werk viel Zweifel, und da sich die Muthmassungen darüber ganz allein auf Lucian gründen, so halte ich es nicht für überflüssig, wenn ich hier die Gelegenheit benutzend die Urtheile der verschiedenen Archäologen, die bisher ihre Stimme darüber abgegeben haben, anführe, resp. zu widerlegen suche, und was mir das Wahrscheinlichste dünkt, darlege. Es haben über die Sosandra und ihre Bedeutung gesprochen: Hirt, Gesch. d. bild. Künste pag. 155; Preller, Arch. Ztg. f. 1846 p. 343 fg. (Ausgew. Aufs. p. 434), und ihm beistimmend Feuerbach, Nachgel. Schr. II., 173; Friederichs, Praxiteles p. 25, Anm. 49, beistimmend Overbeck, Gesch. d. griech. Plastik I., 160; Ad. Michaelis, Arch. Ztg. f. 1864 p. 190 ff.; endlich Eug. Petersen in den Nuove Mem. dell' Inst. p. 99 — 109.

Dass die Sosandra eine chryselephantine Statue war, hat Petersen wohl unwiderleglich dargethan. [1]) Schon das würde genügen, um die Ansicht von Hirt zu widerlegen, dass die Sosandra eine Priesterin oder Arrhephoros der Athene Polias gewesen sei, da zu Kalamis Zeit und auch später noch es nicht Sitte war, Bildnisse Sterblicher aus Gold und Elfenbein anzufertigen. Ausserdem hat Preller mit Recht darauf aufmerksam gemacht, dass eine Priesterin der Pallas zu alt, eine Arrhephoros zu jung sei, als dass Lucian die schöne Smyrnäerin mit ihr ebensogut hätte vergleichen können, wie mit den Statuen der Aphrodite, der Athene und der Amazone. Daher sind die Meisten von Hirt's Absicht abgegangen und haben, was sehr nahe liegt, unter dem Namen Sosandra den Beinamen einer Göttin gesucht; und da es, wie ich oben schon bemerkte, auffallend ist, dass ein so treffliches Werk, wie die Sosandra, sonst nirgends erwähnt wird, so sind Mehrere darauf ausgegangen, irgend eine auf der Akropolis aufgestellte Statue zu finden, welche sich mit der Sosandra identificiren liesse. — Preller stellte die Ansicht auf, dass die Sosandra die Statue der Aphrodite[2]) sei, welche Paus. I, 23, 2 als ein am Zugange zu der Akropolis aufgestelltes Werk der Kalamis erwähnt. Dieser Ansicht stimmte Feuerbach bei, neuerdings Michaelis, und auch Jahn scheint sie zu billigen, wie aus seiner Ausgabe der Beschreibung der Akropolis von Pausanias p. 4 f. hervorgeht. In der That hat diese Vermuthung auch viel für sich; namentlich, dass dann die Sosandra von Pausanias bei seiner Beschreibung der Akropolis nicht vergessen wäre, spricht sehr für sie. Doch ist es immer nur eine Hypothese, die keineswegs so zwingende Beweiskraft besitzt, dass man ihr eine andere gegenüberzustellen nicht vollkommen berechtigt wäre. Das hat Friederichs gethan, indem er die Statue für eine Hera erklärte. [3]) Die Gründe

---

[1]) Der Beweis gründet sich hauptsächlich auf die Stelle Pro imagg. 23, wo Ἐλέφας für χρυσός καὶ Ἐλέφας gesagt ist, wie Jup. trag. 7. — Die Meinung von Michaelis, dass diese Stelle keine Bedeutung habe, hat Petersen a. a. O. p. 100 Not. 2 mit Recht zurückgewiesen.

[2]) Den Beinamen Σωσάνδρα versucht er aus dem entgegengesetzten Beinamen ἀνδραφόνος zu erklären, den die Aphrodite bei den Thessaliern führt; allein es ist doch etwas kühn, so aus Entgegengesetztem Schlüsse zu ziehen.

[3]) Den Beinamen erläutert er durch den ähnlichen, in Sicyon gebräuchlichen Beinamen ἀλέξανδρος.

die er dafür vorbrachte, hat Michaelis mit vollem Rechte bekämpft
und ihre Unhaltbarkeit nachgewiesen. Friederichs beruft sich nämlich
darauf, dass in der Gegenschrift Lucians Pro imagg. c. 7, c. 13 und
c. 18 eine Hera erwähnt werde, und diese dreimal erwähnte Hera
eben die Sosandra sein müsse, da sich unter den andern verglichenen
Statuen keine Hera befände. Besonders stützt er sich auf c. 18: ὑπὲρ
δὲ οὐ χρὴ ἀπολογήσασθαι, τοῦτό ἐστιν, ὅτι τῇ ἐν Κνίδῳ καὶ
τῇ ἐν κήποις καὶ Ἥρα καὶ Ἀθηνᾷ τὴν μορφὴν ἀναπλάττων εἴκασα,
und meint, „in dem Dialog Imagines erscheine an eben der Stelle, wo
hier die Hera aufgeführt werde, die Sosandra des Kalamis." Dem
ist aber nicht so. An derselben Stelle erscheint allerdings die Sosandra
Imagg. c. 4, wo die zur Vergleichung herbeizuziehenden Statuen zum
ersten Male aufgeführt werden; c. 6 aber, wo die Vergleichung selbst
erfolgt, grade da also, wo Lucian τὴν μορφὴν ἀναπλάττων ist,
ist die Reihenfolge eine andere: die knidische Aphrodite, die Aphrodite
in den Gärten, die Lemnierin, die Amazone, zuletzt erst die Sosandra.
Daraus folgt also nichts; und Michaelis macht darauf aufmerksam,
dass zwar nicht unter den Statuen wohl aber unter den Gemälden sich
eine Hera befindet, nämlich die Imagg. 7 erwähnte Hera des Euphranor.
Nothwendig ist es also nicht, dass Lucian an den drei erwähnten
Stellen der Schrift Pro imagg. die Sosandra gemeint habe: überhaupt
spricht er da gar nicht von Statuen. Wie er c. 7 und 13 nur sagt,
er habe die Panthea mit der Hera und der Aphrodite verglichen, so
auch c. 18, nur mit der Veränderung, dass er noch die Athena hinzufügt und an Stelle der Göttin Aphrodite ihre Abbilder setzt, bei der
Hera und Athena aber nicht. Denn dass er hier nur von den Göttinnen, nicht von ihren Statuen sprechen will, geht daraus hervor,
dass er dies zu seiner Vertheidigung ausserordentlich wichtige Argument
erst viel später vorbringt, c. 23; ἐγὼ δὲ — ἤδη γὰρ προάξεται
τἀληθὲς εἰπεῖν — οὐ θεαῖς σε, ὦ βελτίστη, εἴκασα, τεχνιτῶν
δὲ ἀγαθῶν δημιουργήμασι κτλ. Hier also betont er es, dass er die
Panthea nur mit Statuen der Göttinnen, nicht mit den Göttinnen selbst
verglichen habe; an jener andern Stelle aber, wo er zu beweisen
bemüht ist, dass es auch kein Unrecht sei, Jemanden mit den Göttern
selbst zu vergleichen, kann er auch nur von den Göttern sprechen,
und selbst wenn er Statuen nennt, wie die Knidierin und die Ἀφροδίτη
ἐν κήποις, nur das himmlische Original meinen. [1]

Prellers Ansicht wurde wieder aufgenommen von Michaelis, der
sich dabei hauptsächlich auf die letzte von den drei Lucian-Stellen, wo
die Sosandra erwähnt wird, stützte (Dial. meretr. III, 2). Allein auch
er hat diese Stelle ebenso wie die andern Erklärer, die sie heranziehen,
meiner Ansicht nach nicht richtig aufgefasst. Ich werde darauf weiter

---

[1] Vgl. c. 7 und 13, wo Polystratus im Namen der Panthea erklärt, sie
halte ihren Vergleich mit den Göttinnen für ein Verbrechen; c. 18 wiederholt
Lycinus diese gegen ihn gerichtete Beschuldigung: ταῦτά σοι ἔκμετρα ἔδοξε
καὶ ὑπὲρ τὸν πόδα; es können also hier ebenfalls nur die Göttinnen gemeint sein.

unten zurückkommen. Michaelis findet darin einen Anhalt für seine Meinung, dass die Sosandra keine Hera, sondern eine Aphroditen-Statue gewesen sei, und versucht, aus der Beschreibung Lucians und aus einigen Denkmälern, die dem Kalamis etwa gleichzeitig sein mögen, den Character und Eindruck des Werkes anschaulich zu machen. Schliesslich hat Eugen Petersen über die Sosandra gehandelt. Zuerst sucht er zu beweisen, dass die Sosandra eine Göttin, keine Heroine, gewesen sei (was übrigens schon aus dem Umstande, dass sie von Gold und Elfenbein war, zur Genüge hervorgeht, wie oben bereits erwähnt), und gründet seine Beweisführung hauptsächlich auf zwei Stellen: Imagg. 6, wo das φαιδρόν der knidischen Aphrodite und das μειδίαμα σεμνόν der Sosandra dem Bilde der Panthea beigelegt wird; und Pro imagg. 24, wo es heisst: ἐγὼ δ᾿ οὐκ ἂν παραβάλλοιμι θεῶν εἰκόσι γυναῖκα φαιδρὰν καὶ μειδιῶσαν τὰ πολλά, ὅπερ θεοῖς ὅμοιον ἄνθρωποι ἔχουσιν. Meiner Ansicht nach dürfen wir diese Stelle gar nicht auf jene zurückbeziehen, da die hier der Panthea gegebenen Attribute unmöglich so getrennt werden können, dass das eine sich nur auf die' Knidierin, das andre nur auf die Sosandra bezöge: denn wie aus Amor. 13 hervorgeht, war auch die knidische Aphrodite σεσηρότι γέλωτι μικρὸν ὑπομειδιῶσα dargestellt. — Petersen stellt sodann die Ansicht auf, dass die Sosandra die Statue der Aphrodite Pandemos gewesen sei, die zusammen mit einem Bilde der Peitho nach Paus. I, 22, 3 in einem Tempel aufgestellt war. Aber dieser Tempel der Aphrodite Pandemos und der Peitho befand sich nicht auf der Akropolis, ja nicht einmal, wie die andere Statue der Aphrodite von Kalamis, am Eingange der Burg; und wenn wir die Worte Lucians Imagg. 4 erwägen: ἐκεῖνο μέν γε, ὦ Πολύστρατε, οὐκ ἐξερήσομαί σε, εἰ πολλάκις ἐς τὴν ἀκρόπολιν ἀνελθὼν τὴν Καλάμιδος Σωσάνδραν τεθέασαι, so können wir daraus unmöglich etwas Anderes schliessen, als dass die Sosandra auf der Akropolis selbst aufgestellt gewesen sein muss.[1]) Sodann scheint es,

---

[1]) Was Petersen a. a. O. p. 99 Anm. 2 vorbringt, um diesem Einwande zu begegnen, kann nicht genügen. Allerdings liegt, wie aus Paus. I, 21, 6 und 22, 1 hervorgeht, der Tempel der Aphrodite pandemos und der Peitho auf dem Wege zur Akropolis, während die Beschreibung der Burg selbst erst im folgenden Paragraphen 4: ἐς δὲ τὴν ἀκρόπολίν ἐστιν εἴσοδος μία, beginnt. Hätte Lucian eine Statue gemeint, die nicht auf der Akropolis selbst, sondern auf dem Wege dahin sich befand, so hätte er unmöglich den Aorist ἀνελθών setzen können, sondern ἐς oder πρὸς τὴν ἀκρόπολιν ἰών gesagt, wie Paus. an jenen beiden Stellen (oder ἀνιών, ἀνερχόμενος, Paus. II. 2, 4; 10, 6; 11, 3; 15, 1 und sehr oft). Der Sprachgebrauch lehrt uns an unzähligen Stellen, dass, während ἰών sowohl bezeichnet, dass der Wanderer noch auf dem Wege, als dass er bereits am Bestimmungsorte angelangt ist, ἐλθών nur das letztere bezeichnet. So z. B. Paus. I, 40, 5, wo ἐς τὴν ἀκρόπολιν ἀνελθοῦσι die Beschreibung der Burg selbst einleitet; ebenso II, 5, 1, wo kurz vorher (4, 7) die Angabe des Standorts der auf dem Wege zur Burg befindlichen Merkwürdigkeiten durch ἀνιοῦσι ausgedrückt wird. Vgl II, 18, 4: ἐρχομένοις und § 2: προελθοῦσιν. Und so sehr oft bei Paus.; vgl. auch Luc. Tyrannic. praef., ebd. c. 10 u. 16.

als ob jene Worte Lucians auf eine Statue bezogen werden müssten, die nicht im Innern eines Tempels, sondern offen und vor aller Augen aufgestellt war, so dass Jeder, der die Akropolis besuchte, sie sehen konnte und musste; denn wenn sie sich in einem Tempel befand, so konnte Polystratus wohl hundertmal die Burg besuchen, ohne auch nur ein einziges Mal die Sosandra zu sehen. — Endlich spricht gegen die Vermuthung von Petersen das, was Pausanias von jenen Statuen der Aphrodite und Peitho erzählt: τὰ μὲν δὴ παλαιὰ ἀγάλματα οὐκ ἦν ἐπ' ἐμοῦ, τὰ δὲ ἐπ' ἐμοῦ τεχνιτῶν ἦν οὐ τῶν ἀφανεστάτων. Es wäre zwar wohl möglich gewesen, dass schon vor Kalamis Bilder jener Gottheiten existirt hätten, die vielleicht zur Zeit der Perserkriege untergegangen und dann von Kalamis und einem andern Künstler ersetzt worden wären; wäre das aber der Fall gewesen, dann hätte P. ganz anders sich ausdrücken müssen. Aus seinen Worten geht nur hervor, dass die alten, ursprünglichen Statuen zu seiner Zeit nicht mehr vorhanden und an ihrer Stelle Werke nicht unbedeutender Meister aufgestellt gewesen seien; wären jene Kunstwerke schon vor 600 Jahren untergegangen, dann hätte er es gewiss nicht unerwähnt gelassen. Ich übergehe, wie unwahrscheinlich es ist, dass Pausanias so unbestimmte Ausdrücke von den Meistern jener Statue gebraucht hätte, wenn ihm Kalamis als Verfertiger der einen bekannt gewesen wäre, was bei der Vortrefflichkeit der Sosandra doch vorauszusetzen ist.

Um nun schliesslich meine eigene Ansicht über die Sosandra auszusprechen, so gestehe ich, dass ich die Meinung von Friederichs, die Sosandra sei eine Statue der Hera gewesen, für die wahrscheinlichste halte. Ich habe oben Friederichs nicht deshalb zu widerlegen gesucht, weil ich die Behauptung selbst, sondern weil ich die Beweisführung für falsch, wenigstens für verfehlt halte. Jetzt bekenne ich, dass, wie auch Michaelis anerkannt hat, Lucian an den drei Stellen der *Imagines*, wo von einer Hera die Rede ist, ebensowohl an das Bild des Euphranor, wie an die Sosandra denken konnte, wenn auch, wie ich oben zu erweisen bemüht war, sich jene Stellen auf kein bestimmtes Kunstwerk, sondern im Allgemeinen nur auf die Göttinnen beziehen. Was für die Deutung als Hera spricht, das ist erstens die Beschreibung, die Lucian von ihrem keuschen und ehrbaren Wesen, das sich ebensowohl im Antlitz wie in der Kleidung ausspricht, giebt; ferner der Schleier, der das Haupt bedeckt und der ganz besonders für eine Hera passt; endlich eine verdorbene Stelle des Plinius, die nach der Verbesserung, die ich vorschlagen möchte, es kaum zweifelhaft macht, dass sich unter den Werken des Kalamis eine Hera befand und dass diese mit der Sosandra identisch ist. Nachdem nämlich Plinius XXXIV, 71 den Kalamis als tüchtigen Rossebildner gelobt hat, fährt er fort: *sed ne videatur in hominum effigie minor, Alcumena nullius est nobilior.* — So schreiben Urlichs und Jan; Sillig liest *Alcmena* mit einem Parisinus 6801 des 15. Jahrhunderts. In den ältesten Hdss. ist das Wort verdorben: die beste, der Bambergensis hat

Alcamenet, mehrere andere, aus Conjectur vermuthlich, *Alchimena*
(ein Ricard. des 11., ein Voss. Leid. 61 und ein andrer Parisin. 6797 des
13. Jahrhunderts). Der Name Alkmene, der beim Plinius mehrfach
vorkömmt (XXVIII, 59; XXXV, 62 und 63), wird dort wenigstens
von Bambergensis immer richtig, und zwar *Alcmena*, nicht *Alcumena* geschrieben; um so auffallender ist hier diese Verderbniss.
Meiner Ansicht nach hat hier ein seltneres Wort gestanden; und da
von einer sehr berühmten Statue die Rede ist, deren *nobilitas*
gepriesen wird, so vermuthe ich, dass Plinius hier die Sosandra, nur
mit einem andern Namen bezeichnet, gemeint hat; ich möchte nämlich *Alalcomene* oder *Alalcomeneïs* schreiben. Ἀλαλκομενηΐς ist
beim Homer bisweilen (Il. IV, 8; V, 908) Beiname der Athene und
wird von den Alten daher abgeleitet, dass ein böotischer Heros, Alal-
komeneus, die Göttin erzogen und ihr in der Stadt Alalkomenoi einen
Tempel erbaut habe;[1] aber mit Recht führen die neueren Gelehrten
den Namen auf ἀλαλκεῖν. d. i. ἀλέξειν, „abwehren,“ zurück (vgl.
Welcker, Griech. Götterl. I, 316; Preller, Gr. Myth. I., 170). Nach
dem Etymol. magn. s. h. v. ist *Alalcomeneïs* auch ein Beiname der
Hera: ἐπίθετον τῆς Ἀθηνᾶς παῤ Ὁμήρῳ παρά τε τοῖς ἄλλοις καὶ
τῆς Ἥρας καὶ Διός. Daher vermuthe ich, dass hier unter Alalkomeneïs eine Hera gemeint, und dass diese Statue der Hera im
Volksmunde unter dem gewöhnlicheren Namen „Sosandra,“ der ziemlich
dasselbe bedeutet, wie „Alalkomeneïs“ (und auch dasselbe wie „Alexan-
dros“) bekannt gewesen sei. Die L. A. der Bamberger Hds. kommt
der von mir vermutheten am nächsten: denn da die erste Silbe *Al*
wegen der Verdopplung leicht ausfallen konnte (zumal wenn wir annehmen, das ganz in der Nähe stehende Wort *Alcamenes* habe zu
dem Schreibfehler mit beigetragen), so sehen wir, dass das übrigbleibende
alcomene oder *alcomeneïs* von der erhaltenen L. A. *alcamenet* nicht
sehr abweicht.

Nun bleibt hier allerdings eine Schwierigkeit zurück, welche die
eben ausgesprochene Vermuthung sehr bedenklich erscheinen lässt. Plinius sagt nämlich a. a. O. *in hominum effigie*, und dadurch
werden wir, wie es scheint, darauf hingewiesen, dass an jener Stelle
der Name einer Sterblichen, wie eben z. B. der Alkmene, nicht einer
Göttin, gestanden habe. Doch lässt sich meiner Ansicht nach auch
dies Bedenken heben. Plinius macht an der betreffenden Stelle einen
Gegensatz zwischen *in equorum effigie* und *in hominum effigie*;
ist es wohl wahrscheinlich, dass Plinius, hätte er in der That hier die
Statue einer Göttin erwähnen wollen, dann gesagt hätte: *in Deorum
effigie?* — Unmöglich kann man Pferde in Gegensatz mit Göttern
setzen; zumal Plinius gar nicht sagen will, Kalamis habe auch Götter
vortrefflich gebildet, sondern, Kalamis habe nicht blos Thierfiguren,

---

[1] Vgl. Paus. IX, 33; Strabo IX p. 413 C.; Steph. Byz. s. v. (Aelian
Var. hist. XII, 37).

sondern auch die menschliche Gestalt auf's schönste darzustellen gewusst. Selbst die unsterblichen Götter können doch nicht anders dargestellt werden, als in der menschlichen Hülle; wenn wir von einigen wenigen überirdischen Zuthaten, wie Flügel u. s. w. (welche überdies fast nur untergeordneten Gliedern der olympischen Gesellschaft zukommen), absehen, unterscheiden sich die griechischen Götter ihrem Aeussern nach in nichts von gewöhnlichen sterblichen Menschen. Man kann daher sehr gut sagen, ein Künstler habe auch die menschliche Gestalt darzustellen verstanden, und das dann durch Anführung eines Götterbildes begründen, da dies ja auch nur die menschliche Gestalt aufweist, obgleich ich freilich nicht leugnen will, dass die Ausdrucksweise etwas schief ist.

Wir kehren nunmehr zurück zu der schon oben erwähnten Stelle, Dial. meretr. III, 2, wo die Sosandra kurz berührt wird: *Δίφιλος δὴ ὑπερεπήνει τὸ εὔρυθμον καὶ τὸ κεχορηγημένον καὶ ὅτι εὖ πρὸς τὴν κιθάραν ὁ ποῦς καὶ τὸ σφυρὸν ὡς καλὸν καὶ ἄλλα μυρία, καθάπερ τὴν Καλάμιδος Σωσάνδραν ἐπαινῶν, ἀλλ' οὐχὶ τὴν Θαΐδα, ἣν καὶ σὺ οἶσθα συλλουομένην ἡμῖν οἷα ἐστίν.* Daraus schliesst nun Brunn (Gesch. d. gr. Künstl. I, 129) Folgendes: „Es scheint dieser Schilderung gegenüber das Wesen der Sosandra in einer anstandsvollen, keuschen und züchtigen Haltung gesucht werden zu müssen;" Aehnliches folgert Preller (Arch. Ztg. 1846 p. 343): „die verhüllte Schönheit der Sosandra, an welcher sich vom Körper nur die Extremitäten dem Auge zeigten, wird den nackten Reizen einer Hetäre entgegengesetzt." Wie das aus jener Stelle folgen soll, ist mir unverständlich. Jeder, der die angeführten Worte liest, ohne die Stelle der Imagines zu kennen, wird daraus schliessen müssen, dass die Sosandra eine Statue gewesen sei, deren Gewand keineswegs keusch bis zu den Füssen hinabreichte, sondern ziemlich hoch aufgeschürzt Füsse und Knöchel dem Beschauer zeigte, die überhaupt Theile des Körpers, die, für gewöhnlich vom Gewande bedeckt, andern Augen nur im Bade sichtbar würden, unverhüllt den Blicken darbot. Brunn sucht ebenso wie Preller den Gegensatz in den Worten der Hetäre an einem ganz falschen Orte; weder wird das keusche Wesen der Sosandra dem frechen Benehmen der Hetäre entgegensetzt, noch die verhüllte Schönheit Jener der unanständigen Nacktheit der letzteren, sondern die Sache ist die: die eifersüchtige Philinna, der Thaïs ihren Liebhaber abspenstig gemacht hat, sucht dieselbe herabzusetzen und, wie das bei solchen Mädchen natürlich ist, tadelt nicht ihren Character oder ihren Anstand, sondern ihre körperlichen Reize, indem sie sagt: „Diphilos lobte den Körper der Thaïs als ob er die Sosandra lobte, nicht aber jene Thaïs; denn wie ungestaltet diese ist, das weisst du ja, da sie mit uns zusammen badet." — Diese Stelle muss uns also einen ganz falschen Begriff vom Wesen und Aeusseren der Sosandra geben; denn dass deren Kleidung keineswegs von der beschriebenen Art war, sehen wir daraus, dass Imagg. 6 *τὸ εὐσταλὲς καὶ κόσμιον τῆς ἀναβολῆς* gelobt wird, ferner, dass ihr Gewand der Panthea, die von Lucian als ehrbare und züchtige Matrone geschildert ist, beigelegt wird, und endlich daraus, dass eine derartige freie Kleidung den Gesetzen der archaischen Kunst, denen Kalamis noch unterworfen ist, wenn er auch schon mit einem Fusse auf dem Boden der vollendeten Kunst steht, entschieden widerspricht. Dazu kommt, dass — wenn wir die Sosandra für eine Statue der Hera erklären, dieser nur ein χιτὼν ποδήρης ziemt. [1]) Meiner Ansicht nach giebt es nur einen Weg, diesen Widerspruch zwischen den beiden Stellen zu heben: wenn wir nämlich die zweite Stelle ironisch auffassen — ironisch nicht zwar im Sinne der sprechenden Hetäre, aber im Sinne Lucians. Lucian, der uns in den *Dialogi meretricii* das Leben und Treiben der Hetären seiner Zeit, die einer Aspasia ebenso fern standen, als die von ihm geschilderten Philosophen dem Sokrates, mit so scharfen und treffenden Strichen malt, zeigt hier durch einen, jedem gebildeten Griechen damaliger Zeit verständlichen Zug kurz und schlagend die Unwissenheit und Unbildung jener Mädchen, die eins der berühmtesten Kunstwerke ihrer Vaterstadt Athen, das noch dazu öffentlich auf der Akropolis stand und an dem sie wohl oft genug vorbeigingen, gar nicht kennen. Jene Philinna hat mehrfach, vielleicht von ihren Liebhabern, von einer Sosandra des Kalamis als einem herrlichen Kunstwerke reden hören und bringt diese Reminiscenz nun an, ohne zu wissen, was das für eine Statue ist, wie sie aussieht und ob ihr Vergleich passt. So vergleicht sie in ihrer Unwissenheit eine sich schamlos entblössende Dirne mit der keusch und ehrbar bekleideten Göttin; und dadurch, dass Hera die Beschützerin der Matronen und züchtigen Hausfrauen, mit einer Hetäre verglichen wird, erhalten die Worte Lucians eine zwar versteckte, aber doch feine Ironie.

Wenn wir nun zu dem übergehen, was Lucian an der Statue der Sosandra besonders lobt (Imagg. 6), so können wir daraus sehen, wie vortrefflich er die besonderen Vorzüge des Kalamis, die ihn vor den ihm gleichzeitigen Künstlern auszeichnen, erkannt hat. Das von Lucian der Statue gespendete Lob kommt nämlich auf nichts anderes heraus, als auf die von Dion. Hal. am Kalamis gerühmte λεπτότης und χάρις; vgl. de Isocr. c. III. p. 542 (Reiske): δοκεῖ δέ μοι μὴ ἀπὸ σκοποῦ τις ἂν εἰκάσαι τὴν μὲν Ἰσοκράτους ῥητορικὴν τῇ Πολυκλείτου τε καὶ Φειδίου τέχνῃ, κατὰ τὸ σεμνὸν καὶ μεγαλότεχνον καὶ ἀξιωματικόν· τὴν δὲ Λυσίου τῇ Καλάμιδος καὶ Καλλιμάχου, τῆς λεπτότητος ἕνεκα καὶ τῆς χάριτος[2]). Wir kennen

---

[1]) Die Schwierigkeit, die diese Stelle der Erklärung bietet, hat auch Ad. Michaelis gemerkt; er sagt a. a. O.: „ In dem Munde der Hetäre und in dem ganzen Zusammenhang der Stelle, sowie nach dem Inhalt des Lobes, wird man schwerlich die Erwähnung eines Bildes gerade der Hera erwarten." — Nur hätte er daraus nicht folgern sollen, dass die Sosandra keine Hera gewesen sei.

[2]) Noch eine andere Stelle des Dion. Halic. kann hier angeführt werden, da auch sie einen Schluss auf die Eigenthümlichkeit des Kalamis zulässt, de Isaeo, c. IV. p. 591 (R.): εἰσὶ δή τινες ἀρχαῖαι γραφαί, χρώμασι μὲν εἰργασμέναι

den Kunstcharacter des Kalamis zum grossen Theile aus Lucian, und was wir aus dessen Worten für die Bedeutung des Künstlers entnehmen können, hat Brunn a. a. O. I, 129 ff. zur Genüge dargelegt. Ich kann seiner ausführlichen Erörterung nichts hinzufügen, als dass ich darauf aufmerksam machen will, wie fein Lucian die Sosandra, ein Werk der archaischen Kunst, zusammen mit Werken des vollendeten Stils zu seiner Idealstatue der Panthea zu benutzen wusste, indem er gerade das von ihr entlehnte, was selbst an einem archaischen Werke gefallen konnte. Er nimmt von der Sosandra keinen Körpertheil, er nimmt auch von dem, noch nach den Regeln der hieratischen Kunst gebildeten Gesichte nichts als den Ausdruck, nämlich die αἰδὼς und das μειδίαμα σεμνὸν καὶ λεληϑός. Dieses „ehrbare, verstohlene Lächeln" ist, wie Friederichs (Philostr. Bilder p. 207) richtig bemerkt hat, ganz gewiss das sogenannte „hieratische Lächeln," dem wir bei den Statuen der älteren griechischen Kunst begegnen[1]); wie sollte auch sonst einer Hera, welche die spätern Künstler uns immer mit einem Antlitz, auf dem Milde und Ernst sich paaren, zeigen[2]); ein „verstohlenes Lächeln" ziemen? — Dieses λεληϑός weist uns darauf hin, dass der schon vorgeschrittene und der vollendeten Kunst eines Phidias nicht mehr so fern stehende Künstler das ihm von den religiösen Satzungen vorgeschriebene Lächeln so zu mildern wusste, dass es fast vorborgen war und, anstatt dem Gesicht einen grinsenden Ausdruck zu geben, wie wir ihn auf vielen Werken der ältesten Kunst finden, die strengen Züge angenehm belebte. — Sonst also konnte Lucian von der Statue für seinen Zweck nichts weiter gebrauchen, als die Kleidung;

ἁπλῶς καὶ οὐδεμίαν ἐν τοῖς μίγμασιν ἔχουσαι ποικιλίαν, ἀκριβεῖς δὲ ταῖς γραμμαῖς καὶ πολὺ τὸ χάριεν ἐν ταύταις ἔχουσαι ..... τούτων μὲν δὴ ταῖς ἀρχαιοτέραις ἔοικεν ὁ Λυσίας κατὰ τὴν ἁπλότητα καὶ τὴν χάριν. — Diese ἁπλότης und χάρις, die am Lysias und an den alten Gemälden besonders gelobt wird, ist fast ganz dasselbe, was an jener andern Stelle des Dionys beim Kalamis und Lysias als λεπτότης καὶ χάρις gelobt wird. Wie also Lysias sowohl mit den alten Malern (unzweifelhaft besonders mit Polygnot), als auch mit Kalamis verglichen wird, so kann man natürlich auch diese wieder untereinander vergleichen; und in der That scheint es, als ob die Statuen des Kalamis in der Plastik denselben Rang einnehmen und ähnliche Vorzüge aufweisen, als Polygnots Bilder in der Malerei. (Auch hier wird ἀκριβεῖς ταῖς γραμμαῖς als Lob angeführt, ein Beweis mehr für das, was ich S. 6 gesagt habe.)

[1]) Zur Erläuterung dieses mannichfach gedeuteten Lächelns der archaischen Statuen kann vielleicht jene oben S. 10 citirte Stelle Pro imagg. 24 beitragen, wo es von dem φαιδρόν und dem μειδιᾶν τὰ πολλά der Panthea heisst: ὅπερ θεοῖς ὅμοιον ἄνϑρωποι ἔχουσιν. Der hehre, strahlende Ausdruck des Antlitzes und das freundliche, beständige Lächeln characterisiren die in ewiger, ungestörter Seligkeit dahinlebenden, den Sterblichen geneigten Götter. Dass dies göttliche Lächeln dann auch auf die Menschen übergeht, liegt in der heitern griechischen Weltanschauung, welche die Götter den Menschen so nahe als möglich zu bringen trachtet.

[2]) Vgl. Dio Chrys. or. I., p. 67 (Reiske): ὁποίαν μάλιστα τὴν Ἥραν γράφουσιν · τὸ δὲ πρόσωπον φαιδρὸν ὁμοῦ καὶ σεμνόν, ὡς τοὺς μὲν ἀγαθοὺς ἄπαντας θαρρεῖν ὁρῶντας, κακὸν δὲ μηδένα δύνασθαι προσιδεῖν.

freilich war auch diese wohl noch von jener steifen Regelmässigkeit, wie wir sie aus den archaischen Werken zur Genüge kennen, aber sie war keusch und züchtig, wie sie sich für eine ehrbare Matrone geziemt. Ausserdem konnte ja Lucian von den übrigen zur Vergleichung genommenen Frauenstatuen keiner Anderen Gewand gebrauchen, da weder die zu leichte oder ganz fehlende Bekleidung einer Amazone und Aphrodite, noch die kriegerische einer Athena für die Panthea geeignet war. So sehen wir, wie Lucian von einem Werke, das rücksichtlich seiner künstlerischen Vollendung mit Werken des Phidias, Alkamenes und Praxiteles nicht auf gleiche Stufe gestellt zu werden verdient hätte, mit feinem Gefühl gerade das zu entlehnen wusste, was seiner Ideal-Statue beigegeben werden konnte, ohne dem übrigen, den Character des schönsten Stils an sich tragenden Werke Abbruch zu thun.

Myron, zu dem wir nun übergehen, wird häufig erwähnt; Somn. 8 wird er mit Phidias, Praxiteles, Polyklet zusammengestellt, Hermot. 19 mit Phidias und Alkamenes, Jup. trag. 7 mit Phidias, Alkamenes, Praxiteles; ebenda werden die ehernen Statuen des Polyklet und Myron, wie die marmornen des Phidias und Alkamenes gelobt [1]); Gall. 24 werden Phidias, Myron, Praxiteles verbunden. Es sind das natürlich nur Erwähnungen allgemeiner Art, bei denen Lucian die Künstler gewöhnlich ohne jede Rücksicht auf ihre Eigenthümlichkeit zusammengestellt hat, meist beispielshalber [2]); aber auch das spricht für die grosse Bedeutung des Künstlers, dass er mit den berühmtesten Meister zusammen genannt wird. — Myron wurde namentlich in der Kaiserzeit von den Römern sehr bewundert; Vitr. I, 1, 13 führt ihn und Polyklet allein von allen Bildhauern als Beispiel an; Ov. Ars. am. III, 218 wählt ihn als Repräsentanten der Künstler überhaupt; Martial erwähnt ihn sehr oft, namentlich als Cälator, und stellt ihn mit den bedeutendsten Künstlern zusammen: IV, 39 mit Praxiteles, Skopas, Phidias, Mentor; VIII, 51 mit Mys, Mentor, Polyklet; vgl. VI, 92; Statius zählt Silv. IV, 6, 25 Werke des Praxiteles, Phidias, Polyklet und Myron auf und erwähnt I, 3, 48 von den vortrefflichen Kunstschätzen des Manlius Vopiscus vor allem Werke des Myron. — Friedländer, Ueber den Kunstsinn der Römer in der Kaiserzeit, S. 37 behauptet, Myron werde deshalb so oft und vorzüglich von den Römern gelobt, weil er

---

[1]) Es ist bekannt, dass Myron und Polyklet oft als Nebenbuhler in der Toreutik verbunden werden; so bei Plin. XXXIV, 10: *illo aere Myron usus est, hoc Polycltus;"* ebd. 58, wo Beide verglichen werden. Vgl. Vitr. I, 1, 13; III. praef; Stat. silv. II, 2, 66 fgg.

[2]) Die Stelle Hermot. 19: παρὰ πολὺ ἐκεῖνοι (ἀνδριάντες) εὐσχημονέστεροι καὶ τὰς ἀναβολὰς κοσμιώτεροι, Φειδίου τινὸς ἢ Ἀλκαμένους ἢ Μύρωνος πρὸς τὸ εὐμορφότατον εἰκάσαντος kann unmöglich darauf bezogen werden, dass die angeführten Künstler etwa in der Bildung von Gewändern ganz besonders Vortreffliches geleistet hätten, da ja nur wenige unter den Werken Myrons bekleidet sind; auch hier sind die drei Künstler nur als Beispiel ohne bestimmte Absicht zusammengestellt, wie z. B. Dion. Hal. de Thuc. jud. IV. p. 817 (R.)

„der grösste Naturalist unter den Alten war [1])... der damalige Dilettantismus aber an Kunstwerken für gewöhnlich nichts schätzte, als Naturwahrheit." — Dass man den Römern diese Art des Kunstenthusiasmus nicht so ohne jede weitere Beschränkung nachsagen könne, hat K. F. Hermann in der gegen Friedländer gerichteten Schrift „Ueber den Kunstsinn der Römer und deren Stellung in der Geschichte der alten Kunst," Göttingen 1856, genügend dargethan; für die Griechen gilt es nun erst gar nicht, und am wenigsten für Lucian, dem nichts so fern liegt, als Bewunderung einer derb naturalistischen Kunst. Wenn wir die eben so kurze wie treffende Beschreibung des Diskobol lesen (Philops. 18): τὸν δισκεύοντα φῄς, τὸν ἐπικεκυφότα κατὰ τὸ σχῆμα τῆς ἀφέσεως, ἀπεστραμμένον εἰς τὴν δισκοφόρον, ἠρέμα ὀκλάζοντα τῷ ἑτέρῳ, ἐοικότα ξυναναστησαμένῳ μετὰ τῆς βολῆς, so erkennen wir, dass Lucian nicht die treue Nachahmung der Natur bewundert, sondern den dem Myron ganz besonders eigenen Vorzug, den Brunn I, 148 vortrefflich „lebensvolle Naturwahrheit" genannt hat. Dass Myron kein sklavischer Nachahmer der Natur war, können uns schon die Worte des Plinius lehren, XXXV, 58: *capillum quoque et pubem non emendatius fecisse (videtur), quam rudis antiquitas instituisset.* Eben jenes ἔμπνουν, das so viele Epigramme an der Myronischen Kuh preisen, ist auch die hervorragende Eigenschaft des Diskobol und des Ladas [2]), und das liegt in den Worten Lucians, wenn er sagt, der Discobol „gleiche einem, der sich zugleich mit dem Wurf auf der Stelle wiederaufrichten würde," d. h. er sei so lebensvoll gebildet, dass man ihm die Stellung, die er im nächsten Augenblicke einnehmen wird, anmerke.

Eine besondere Erwähnung verdient die oben angeführte Stelle Gall. 24: ἐμαυτὸν ἠλέουν ὅμοιον ὄντα τοῖς μεγάλοις τούτοις κολοσσοῖς, οἵους ἢ Φειδίας ἢ Μύρων ἢ Πραξιτέλης ἐποίησαν· κἀκείνων γὰρ ἕκαστος ἔκτοσθεν μὲν Ποσειδῶν τις ἢ Ζεύς ἐστιν πάγκαλος ἐκ χρυσοῦ καὶ ἐλέφαντος ξυνειργασμένος, κεραυνὸν ἢ ἀστραπὴν ἢ τρίαιναν ἔχων ἐν τῇ δεξιᾷ κτλ. Petersen (Nuov. mem. dell' Inst. p. 101) hat richtig gemerkt, dass wir aus dieser Stelle darauf schliessen müssen, dass sowohl Praxiteles wie Myron chryselephantine Colossal-Statuen gefertigt haben, wovon wir sonst weiter nichts wissen. Der erwähnte Zeus bezieht sich entschieden auf den olympischen Zeus des Phidias, obgleich dieser keinen Blitz in der Rechten hielt (vgl. unten S. 19); wem von den beiden andern Künstlern wir aber den Poseidon zusprechen sollen, bleibt dahin gestellt; vielleicht mit grösserem Rechte noch dem Praxiteles, der nach Plin. XXXVI, 23 einen Poseidon

---

[1]) Und doch sagt Quint. XII, 10, 9: *Ad veritatem Lysippum ac Praxitelem accessisse optime affirmant.* Vgl. Cic. Brut. 18, 70.

[2]) Vgl. Petr. c. 88: *Myron, qui paene hominum animas ferarumque nere expresserat.* Der andere Hauptvorzug dieser Werke ist die von Quint. II, 13, 10 hervorgehobene Neuheit und Schwierigkeit der Stellung, *ipsa illa novitas ac difficultas.*

gebildet, als dem Myron [1]). Colossal-Statuen von Myrons Hand werden auch sonst erwähnt: Strabo XIV. p. 637 (Cas.) nennt einen colossalen Zeus, Herakles und Athene von Myron, die im Samischau Heraeon auf einer Basis standen, und auch Statius spricht von colossalen Werken des Myron, Silv. I, 3, 52 f.:

Quidquid et argento primum vel in aere Myronis
Lusit et enormes manus est experta colossos.

Dass Phidias, der zweite Schüler des Ageladas, auch bei Lucian, wie fast bei allen alten Schriftstellern, als Herr und Meister erscheint, kann Niemanden befremden, der weiss, dass dieser Künstler schon bei den Alten, wie jetzt bei uns, als derjenige betrachtet wurde, der den Gipfel der plastischen Kunst erreicht hat, wenn das auch oft mehr ein gedankenloses Nachsprechen sein mochte, als dass sie die Grösse des Mannes selbst empfunden und mit Bewusstsein ihm die erste Stelle unter den Bildhauern eingeräumt hätten. Er wird bei Lucian zusammengestellt: Somn. 8 mit Polyklet, Myron, Praxiteles ebd. 9 mit Polyklet allein, [De sacrif. 11 mit Praxiteles und Polyklet] Hermot. 19 mit Alkamenes und Myron, Quom. hist. conscr. s. 51 mit Praxiteles und Alkamenes, Imagg. 3 mit Alkamenes, ebd. 4 ff. mit Praxiteles, Alkamenes, Kalamis, Jup. trag. 7 mit Alkamenes, Myron, Euphranor, ebd. mit Alkamenes Myron, Polyklet, Gall. 24 mit Myron und Praxiteles. Obgleich Lucian an diesen und ähnlichen Stellen, wie schon oben erwähnt, mehr den Ruf und die Bedeutung, als die specielle Eigenthümlichkeit der zusammen genannten Künstler im Auge gehabt hat, so scheint es doch nicht ohne Absicht geschehen zu sein, dass unter den neun angeführten Erwähnungen sechsmal Phidias mit Alkamenes zusammengestellt wird, der Meister mit seinem Schüler, der dessen Eigenthümlichkeit am besten bewahrt zu haben scheint und der auch von andern Schriftstellern öfters mit seinem Lehrer verbunden wird [2]). Und wie Jup. trag. 7 Myron und Polyklet als die berühm-

---

[1]) Ich kann Petersen nicht beistimmen, wenn er a. a. O. diese Stelle ganz wörtlich auffasst und meint, es sei hier von drei verschiedenen Werken der drei Künstler die Rede, indem er sich dabei auf das Wort ἕκαστος und die Unterscheidung der Attribute κεραυνός ἢ ἀστραπή stützt. Die drei Künstler sind eben nur beispielshalber und ohne jede bestimmte Absicht herausgegriffen, wie die beiden Götter und die drei Attribute; selbstverständlich musste bei den Attributen auf die Statuen und bei diesen darauf Rücksicht genommen werden, ob auch wirklich solche Werke von den erwähnten Künstlern existirten. Aber wegen des rhetorischen Pleonasmus κεραυνός ἢ ἀστραπή an zwei verschiedene Zeusstatuen zu denken, erscheint mir nicht begründet, zumal ich nicht weiss, wie in der Plastik κεραυνός und ἀστραπή unterschieden werden könnten. (Das Gemälde des Apelles, Bronte, Astrape und Keraunobolia kann hier nicht angeführt werden, da dies ja Personificationen der Naturerscheinungen waren, während hier vom Blitz als Attribut die Rede ist).

[2]) Vgl. z. B. Quint. XII, 10, 8; Paus. V, 10, 2; Dion. Hal. de adm. vi dic. in Dem c. L. p. 1108 (R); Dio Chrys. or. XII. p. 396 (R.) u. s.

testen Erzbildner vereint waren, so erscheinen ebendaselbst und Imagg. 3 Phidias und Alkamenes als diejenigen Künstler, die im Marmor das Vortrefflichste geleistet haben. — Oft wird auch Phidias ganz allein als Künstler der Künstler angeführt [1]); Paras. 2 wird er ὁ ἀγαλματοποιός genannt, wie Homer ὁ ποιητής; vgl. [De sacrif. 11;] De salt. 35, (wo ihm Apelles als grösster unter den Malern gegenübergestellt wird); Icarom. 24 fragt Jupiter den Menippus unter Anderem: εἴ τις ἔτι λείπεται τῶν ἀπὸ Φειδίου. — Als grösstes und vollendetestes Werk nicht nur des Phidias, sondern der ganzen plastischen Kunst erscheint auch bei Lucian der olympische Zeus [2]); vgl. Somn. 8, wo er mit Polyklets Hera zusammengestellt wird; [De sacrif. 11]; Quom. hist. conscr. s. 27; Gall. 24; Paras. 2; De mort. Peregr. 6. (Vgl. auch Tim. 4; Pro imagg. 14; Jup. trag. 25). — Wir haben hier einen wunderbaren Irrthum Lucians zu registriren: er lässt nämlich mehrmals (Tim. 4; Gall. 24; vgl. oben S. 17) den olympischen Zeus, den er doch sicher mehr als einmal gesehen hatte, einen Blitz in der Rechten halten, obgleich er, wie aus Paus. V, 11, 1 und aus den Münzen zur Genüge bekannt ist, eine Nike auf der rechten Hand trug. Wie dieser Irrthum entstanden sein mag, ist schwer zu sagen; vermuthlich ist er auf einen Lapsus memoriae zurückzuführen, vielleicht auf eine immerhin noch sehr befremdende Verwechslung mit einer andern Zeusstatue. — Lucian erwähnt auch (Tim. 4; Jup. trag. 25) einen an derselben Statue begangenen Raub, durch welchen ihr zwei goldene Locken verloren gegangen sein sollen, während Pausanias auch hiervon nichts bemerkt. Noch ein drittes, ziemlich unglaubliches Geschichtchen erzählt Lucian, Pro imagg. 14, vom Phidias; die Anekdote schmeckt gar sehr nach dem Periegeten und scheint der bekannten Erzählung vom Apelles nachgebildet zu sein [3]). Es scheint, als ob damals eine ganze Reihe solcher auf Künstler und Kunstwerke bezüglicher Histörchen den berühmten Namen des Phidias zum Aushängeschild nahmen, ähnlich wie viele Maler-Anekdoten sich an Apelles anknüpften. Auch bei den Dichtern wissen wir von ähnlichen Erscheinungen, und dass solche Fabeln auch heutzutage vorzugsweise berühmte Persönlichkeiten zum Träger nehmen, ist bekannt genug. Hingegen dürfte es sich kaum mit Sicherheit entscheiden lassen, ob das auf eben solche Periegeten-Erzählung hinausläuft, wenn Lucian Hermot. 24 jenes geflügelte Wort: „Aus der Klaue den Löwen!" dem Phidias in den Mund legt, oder ob Plutarch Recht hat, der De def. orac. p. 730: οὐ κατ' Ἀλκαῖον ἐξ ὄνυχος τὸν λέοντα γράφουσι, es dem Alcäus

---

[1]) Wie gleichfalls bei andern Schriftstellern häufig, z. B. Petron. c. 88. Dion. Hal. de Din. c. VII. p. 644 (R.). Dio Chrys. or. XII. p. 398 (R.); or. IV. p. 282 u. s.

[2]) *quem nemo aemulatur*, Plin. XXXV, 57. Vgl. Quint. XII, 10, 9 Arrian. Epict. I, 6; Dio Chrys. or. XII. p. 383 (R.): πάντων ὅσα ἔστιν ἐπὶ γῆς; ἀγάλματα κάλλιστον. Ebd. p. 398 u. s.

[3]) Eine ganz ähnliche Geschichte erzählt Ael. V. H. XIV, 8 vom Polyklet.

zuspricht. Brunn I, 206 fg. hat zu erweisen versucht, dass jener Spruch dem Kunstcharacter des Phidias vollkommen entspreche; doch das bleibt immerhin sehr unsicher.

Ausser dem olympischen Zeus wird von den Werken des Phidias noch erwähnt Imagg. 4 und 6 die sogenannte Lemnische Athene und die berühmte Amazone; beide werden ebd. τὰ κάλλιστα von den Werken des Phidias genannt. Natürlich ist dies nicht so zu verstehen, dass sie vor dem olympischen Zeus oder den Athene-Statuen auf der Akropolis den Preis verdienten: sie werden „die schönsten" genannt, weil sie hauptsächlich die Schönheit des Weibes zeigten, während die Parthenos und Promachos mehr durch ihren geistigen Ausdruck, durch himmlischen Ernst und göttliche Strenge, als durch schöne, den Beschauer fesselnde Körperformen sich auszeichneten. Darum bezieht man auch auf sie die Worte des Plin. XXXIV, 54: (fecit) Minervam tam eximiae pulchritudinis, ut formae cognomen acceperit, vgl. Himer. or. XXI, 4; Brunn I, 182 fg. Daher hat auch Lucian nicht ohne Grund zum Bilde der Panthea gerade die Werke des Phidias ausgesucht, in denen derselbe von seiner gewöhnlichen Strenge und Erhabenheit etwas abgewichen war, und die daher besser zur Ideal-Statue einer schönen sterblichen Frau passten, als die grossartigen Athenebildner auf der Burg.

Wir finden auch hier Lucian als den trefflichen Kunstkenner wieder, als welchen wir ihn schon mehrfach anerkennen mussten. Er kennt sehr wohl den Unterschied, der zwischen diesen verschiedenen Richtungen des Phidias besteht. Der olympische Zeus, dies grösste Werk, das je eines Bildhauers Hand schuf, ist in seiner erhabenen Schönheit so grossartig, dass es keiner Zergliederung seiner einzelnen Schönheiten bedarf, um die Grösse des Werkes anschaulich zu machen; stumpfsinnig erscheint Einer, der nicht τὸ ὅλον κάλλος τοσοῦτον καὶ τοιοῦτον mit einem Blick erfasst. (Quom. hist. conscr. s. 27.) Aber die Lemnierin und die Amazone können sehr wohl zergliedert und einzelne ihrer Körperschönheiten auf die Panthea übertragen werden. Zwar hat Phidias immer die Idee der Form vorangesetzt und das Göttliche im menschlichen Körper besonders betont; aber dass er das in allen seinen Werken in gleichem Maasse gethan hat, dürfen wir nicht behaupten, wenn wir erwägen, dass dergleichen Lobsprüche, wie sie Lucian, Plinius, Himerius und die Epigramme (Anall. I, p. 262; III, p. 200 n. 248)[1]) der Lemnierin und der Amazone ertheilen, nie den Athenestatuen auf der Akropolis ertheilt werden. Denn bei diesen sowohl, wie beim olympischen Zeus ist das μεγαλεῖον

---

[1]) Ich begreife nicht, wie Friederichs (Praxiteles p. 31 fg.) diese Epigramme auf die Athene parthenos oder promachos beziehen konnte. Das Beiwort δορυθαρσής, auf das er seine Behauptung gründet, ist nur poetisches Epitheton und darf nicht auf die Statue bezogen werden, wie das auch Brunn, Rhein. Mus. N. F. XI, 1857 S. 173, mit Recht hervorhebt.

uud das *ἀκριβὲς ἄμα* (Dcm. de eloc. § 14) das Bewnndrungswürdige; die lemnische Athene aber, die friedfertige Göttin, die den Helm und mit ihm zugleich die zurückweisende Strenge der Jungfrau abgelegt hat, sie ist ebenso frei von jener strengen, den Beschauer mehr abstossenden, als anlockenden Majestät, wie die Amazone, für die, als ein sterbliches Weib, göttliche Grösse überhaupt nicht passt.

Ueber die Stelle der Imagines und ihre Bedeutung für den Kunstcharacter des Phidias hat Brunn, Künstl. Gesch. I, 208 ff. ausführlich gesprochen. Zu erwähnen ist, dass die von Lucian gepriesenen Wangen der Lemnierin auch von Himerius a. a. O. gelobt werden.

Polyklet, der dritte Schüler des Ageladas, wird im Ganzen recht selten erwähnt: Somn. 8 mit Phidias, Myron, Praxiteles; ebd. 9 nur mit Phidias, Jup. trag. 7 mit Myron (vgl. oben S. 16 Ann. 1), Phidias und Alkamenes, [De sacrif. 11 mit Praxiteles und Phidias]. Dass ein von den Alten so hoch gestellter, nicht selten mit Phidias verglichener Künstler [1]) von Lucian nicht häufiger zusammen mit andern berühmten Meistern genannt wird, möchte befremden, wenn diese Thatsache sich nicht vielleicht dadurch erklären liesse, dass Polyklet im Ganzen nur wenig Götterbilder angefertigt hat; und da Lucian an den meisten Stellen, wo er mehrere Künstler beispielshalber zusammenstellt, nur solche brauchen kann, die in der Bildung von Götterbildern sich ausgezeichnet hatten, so konnte er den Polyklet, der sich hauptsächlich durch Heroen- und Epheben-Statuen hervorthat, füglich übergehen. Allein selbst bei dieser Auffassung können wir doch nicht umhin, anzunehmen, dass Lucian die Götterstatuen des Polyklet ncht sehr hoch gestellt habe. Allerdings erwähnt er die Hera Somn. 8 an einer Stelle, wo ihre Erwähnung als bedeutendes Lob erscheint, und Jup. trag. 7 werden die ehernen Götterbilder des Myron und Polyklet rühmend genannt; aber an mehreren Stellen, wo wir nach unsrer jetzigen Werthschätzung des Polyklet den Namen dieses Künstlers ganz sicher erwarten möchten, hat er ihn nicht genannt, vielmehr einen andern Künstler, der nach unsrer heutigen Anschauung viel weniger an jener Stelle passte, an seine Statt gesetzt. Ganz besonders spreche ich hier von jenen Stellen, wo von chryselephantinen Werken die Rede ist, Quom. hist. conscr. s. 51, wo ausser dem Phidias noch

---

[1]) So verbindet Dion. Hal. de adm. vi dic. in Dem. c. L. p. 1108 (R.) den Polyklet mit Phidias und Alkamenes. ebenderselbe nennt de Dinarch c. VII, p. 644 wie von den Malern den Apelles, so von den Bildbauern den Polyklet und von den Toreuten den Phidias als Meister in jeder dieser Künste (sehr auffallender Weise, da man das entgegengesetzte erwarten sollte, wie bei Luc. Jup. trag. 7. Doch findet sich eine ähnliche Verwechslung bei Sid. Apoll. ep. VII. 3: *hac enim temeritate Apellem pingiculo, coelo Phidiam, malleo Polycletum muneramur*). Ferner stellt Dion. Hal. de Thuc. jud. c. IV, p. 817 den Phidias, Polyklet, Myron, Dio Chrys. or. XII, p. 396 (R.) den Phidias, Alkamenes, Polyklet, ebd. p. 416 den Phidias und Polyklet zusammen. Vgl. noch Cic. Parad. V, 2; Orat. II, 5; Mart. X, 89 u. s.

Praxiteles [1]) und Alkamenes, und Gall. 24, wo neben ersteren beiden
noch Myron genannt wird, obgleich wir jetzt von goldelfenbeinernen
Statuen des Myron und Praxiteles gar nichts mehr wissen, während
die berühmte argivische Hera des Polyklet bei den Alten sowohl, wie
bei uns, den höchsten Ruhm geniesst, also das Fehlen des Polyklet
hier geradezu auffallend ist. Möglich, dass Lucian die Bewunderung
seiner Zeitgenossen, die ohne Bedenken den Polyklet dem Phidias fast
gleichstellten, nicht theilte und die Vorzüge, welche die Schriftsteller
an dem Künstler rühmen, für nicht gross genug hielt, als dass durch
sie jene Fehler, die Varro beim Plin. XXXIV, 56 und Quintilian XII,
10, 7 an ihm hervorheben, in Schatten gestellt werden könnten.
Wenn also die Sculptur Somn. 8 die Hera des Polyklet neben den
olympischen Zeus stellt, und Hermes Jup. trag. 7 dem Künstler selbst
als Götterbildner einen so hohen Rang anweist, so scheint das weniger
das Urtheil des Lucian selbst über diesen Künstler, als die Bewunderung jener Zeit anzudeuten; wurde doch dem Polyklet zur Zeit
Quintilians von den Meisten die Palme zuerkannt.

Die Hera des Polyklet, die Somn. 8 als berühmtestes Werk des
Künstlers angeführt wird, wird sonst nirgend weiter erwähnt, denn
Jup. trag. 7 ist nur von den ehernen Götterbildern des Polyklet die
Rede, von denen wir übrigens nur einen Hermes kennen (Plin. a. a. O.),
wenn wir nicht auch die bei Plin. a. a. O., und Cic. de or. II, 16, 70
erwähnten Statuen des Herakles hier mit inbegriffen denken wollen.
Genannt wird auch im Vorbeigehen der Diadumenos, Philops. 18; da
es nur eine beiläufige Erwähnung ist, darf uns das Fehlen jedes Lobes
nicht befremden, denn dies Werk, in dem Polyklet weder jener Grossartigkeit (*pondus*) noch der göttlichen Majestät (*deorum auctoritas*)
bedurfte, welche die Kunstkenner an ihm vermissten, stand sicher
auf keiner niedrigeren Stufe der Kunst, als der berühmte und auch
von Lucian mehrfach mit grossem Lobe genannte Kanon, an dem
Polyklet seine vielbewunderte *diligentia ac decor* zeigen konnte. De
mort. Peregr. 9 wird Peregrinus Proteus mit diesem Kanon verglichen,
da er selbst, τὸ τῆς φύσεως τοῦτο πλάσμα καὶ δημιούργημα, ein
in jeder Beziehung so vollendetes Werk der Natur sei, als Polyklet

---

[1]) Sommerbrodt nimmt hier ein einfaches Versehen an und meint, Lucian
habe statt Praxiteles Polyklet gemeint, weil später die Argiver genannt werden.
Aber obgleich diese Erwähnung der Argiver gewiss auf die Hera des Polyklet
sich bezieht, so darf man daraus doch nicht schliessen, dass Lucian ein Paar
Zeilen vorher diesen und nicht den Praxiteles habe nennen wollen; denn er führt ja
auch den Alkamenes an, ohne sich später, da die Eleer und Athener doch offenbar auf Phidias gehen, auf ein Werk dieses Meisters zurückzubeziehen; eine
genaue Responsion zwischen den genannten Meistern und den Städten, denen sie
chryselephantine Statuen geliefert haben, ist also nicht vorhanden. Auch beweist
die zweite Stelle (Gall. 24), wo wiederum Praxiteles genannt wird, zur Genüge,
dass an ein „Versehen" Lucians hier nicht zu denken ist und dass Praxiteles in
der That auch chryselephantine Statuen verfertigt haben muss, wovon wir nichts
mehr wissen.

eben in jenem Kanon darzustellen bemüht gewesen sei. Die wichtigste
Stelle, der wir unsere Hauptkenntniss dieses Werkes verdanken [1]), ist
De salt. 75: τὸ δὲ σῶμα (τοῦ ἀρίστου ὀρχηστοῦ) κατὰ τὸν
Πολυκλείτου κανόνα, ἤδη ἐπιδείξειν μοι δοκῶ · μήτε γὰρ ὑψηλὸς
ἄγαν ἔστω καὶ πέρα τοῦ μετρίου ἐπιμήκης μήτε ταπεινὸς καὶ
ναννώδης τὴν φύσιν, ἀλλ' ἔμμετρος ἀκριβῶς, οὔτε πολύσαρκος
— ἀπίθανον γαρ — οὔτε λεπτὸς ἐς ὑπερβολὴν — σκελετῶδες
τοῦτο καὶ νεκρικόν. — So scheint es denn, als ob der Kanon nicht
nur als das berühmteste, sondern auch als das beste Werk des Polyklet
zu betrachten sei; denn jener Cyniker, der den Peregrin mit dem
Kanon vergleicht, hat ihn kurz vorher auch mit dem olympischen Zeus
verglichen, und auch Cicero verbindet in gleicher Weise diese beiden
Werke, Orat. II, 5: *Nec simulacro Jovis Olympii aut Doryphori
statua deterriti reliqui minus experti sunt, quid efficere aut quo
progredi possent* (dass der Doryphorus mit dem Kanon identisch ist,
kann bei Vergleichung von Quint. V, 12, 21 und Cic. Brut. 86, 296
wohl kaum bezweifelt werden).

Den Alkamenes, den Schüler des Phidias, haben wir in der
Kürze schon oben (S. 18) erwähnt. Er wird genannt Hermot. 19 mit
Phidias und Myron, Quom. hist. conscr. s. 51 mit Phidias und Praxiteles, Imagg. 3 mit Phidias, ebd. 4 fgg. mit Phidias, Myron, Praxiteles, Kalamis, Jup. trag. 7 mit Phidias, Myron, Euphranor, ebd. 16
mit Phidias, Myron, Polyklet. Wir sehen, dass der Schüler niemals
ohne seinen Meister erscheint. Die künstlerische Bedeutung des Alkamenes geht aus den hier und oben angeführten Stellen zur Genüge
hervor; vgl. auch Plin. XXXVI, 16 wo er *in primis nobilis* genannt
wird. Von seinen Werken wird die Aphrodite in den Gärten erwähnt,
von Plinius *praeclarum opus*, von Lucian Imagg. 4 τὸ κάλλιστον
τῶν Ἀλκαμένους πλασμάτων genannt. Ebend. 6 werden die Wangen
und das Profil besonders gelobt, ferner die Hände, namentlich die
Finger; doch können uns diese Lobsprüche über den Kunstcharacter
des Alkamenes, der noch sehr der Aufklärung bedarf, keinen Auf-
schluss geben, da sie sich auf zu specielle Körpertheile beziehen, als
dass wir aus ihnen einen Schluss über die Kunst des Alkamenes im
Allgemeinen uns erlauben, oder was Lucian an ihm vorzugsweise
bewundert habe, angeben könnten.

Demetrius, dessen Statue des Pelichos in dem Hofraum eines
Atheners Eukrates aufgestellt war, wird von Lucian eben nur an
jener Stelle, wo von diesem Werke und seinem Besitzer die Rede ist,
erwähnt, Philops. 18 sqq.; die Bildsäule wird daselbst beschrieben
und der abergläubische Besitzer erzählt weitschweifig die Wunderdinge,
die sie verrichtet. Die Beschreibung ist, wie gewöhnlich die Lucianischen
Beschreibungen von Kunstwerken, in ihrer Kürze und Gedrängtheit

---

[1]) Vgl. ausserdem Plin. XXXIV, 55; Quint. V, 11, 21; Galen. de temp. I, 9;
de plac. Hipp. et Plat. V; Vitr. III, 1. (Brunn, Künstl. Gesch. I, 219 ff.)

musterhaft[1]): σύ δὲ εἴ τινα παρὰ τὸ ὕδωρ τὸ ἐπιρρέον εἶδες, προγάστορα, φαλαντίαν, ἡμίγυμνον τὴν ἀναβολὴν, ἠνεμωμένον τοῦ πώγωνος τὰς τρίχας ἐνίας, ἐπίσημον τὰς φλέβας, αὐτοανθρώπῳ ὅμοιον. Wir lernen aus diesem Werke den Kunstcharacter des Demetrius genau so kennen, wie ihn Quintil. XII, 10, 9 zeichnet: *Demetrius tamquam nimius in ea (veritate) reprehenditur et fuit similitudinis quam pulchritudinis amantior.* Aber während der stumpfsinnige Eukrates die übergrosse Naturtreue der Statue lobt[2]), kann Tychiades, d. i. Lucian, diese Bewunderung nicht theilen. Das steht nun freilich in jenem Schriftchen ausdrücklich nicht drin, aber es geht meiner Ansicht nach offenbar aus jener ganzen Stelle hervor. Eukrates fragt nämlich den Tychiades: οὐχ ἑώρακας εἰσιὼν ἐν τῇ αὐλῇ ἑστηκότα πάγκαλον ἀνδριάντα, Δημητρίου ἔργον τοῦ ἀνθρωποποιοῦ; hierauf erwidert Tychiades: μῶν τὸν δισκεύοντα φῆς κτλ, indem er zugleich jenes bekannte Werk des Myron beschreibt. Nun können wir unmöglich glauben, dass jener Tychiades, den Lucian im Uebrigen jener Gesellschaft von Ehrenmännern, die sich im Hause des Eukrates zusammengefunden haben, gegenüber als einen vernünftigen und unterrichteten Mann erscheinen lässt[3]), dass derselbe hinwiederum so unwissend sein sollte, dass er Myrons Discuswerfer, ein bei den Alten so ungemein bekanntes und in unzähligen Copieen verbreitetes Werk, für ein Werk des Demetrius ansehen könnte! Das ist ganz unmöglich, und nach meiner Ueberzeugung lässt sich die Stelle nur so erklären, dass wir annehmen, Tychiades wolle mit jener Antwort: „Vermuthlich meinst du den Discuswerfer etc." den Eukrates verspotten, weil dieser, der die Ironie des Andern gar nicht einmal merkt, ihn vielmehr sehr ernsthaft eines Bessern belehrt, ein Werk von so untergeordnetem Range, wie den Pelichus „eine wunderschöne Bildsäule" nenne. Durch das Wörtchen μῶν, d. i. „natürlich, ohne Zweifel," macht es Tychiades noch deutlicher, wie er es gar nicht glauben könne, dass jenes Lob vom Eukrates einer andern Statue gelten könnte, als der schönsten unter den dort aufgestellten, nämlich dem Discobol, während dieser es gerade der schlechtesten ertheilt[4]).

---

[1]) Mit Recht ist diese Beschreibung von Friedländer, Ueb. d. Kunsts. d. Röm. S. 20 fg. (vgl. K. F. Hermann, Ueb. d. Kunsts. d. Röm. S. 52) mit der von Plinius d. J. Epist. III, 6 beschriebenen Bronce-Statuette verglichen worden.

[2]) Er nennt sie C. 18 πάγκαλον ἀνδριάντα und betont besonders, dass sie Pelichus, wie er leibt und lebt, zu sein scheine: αὐτοανθρώπῳ ὅμοιον ..... Πέλιχος ὁ Κορίνθιος στρατηγὸς εἶναι δοκεῖ.

[3]) C. 20 zeigt er sich dadurch als in der Kunst nicht unbewandert, dass er das Vaterland des Demetrius und die eigenthümliche Richtung seiner Kunst sehr wohl kennt.

[4]) Eine ähnliche Verwechslung der Künstler, nur nicht zum Spott, sondern im Gegentheil, in Absicht einer Schmeichelei, begeht Martial IX, 44, wo er fingirt, dass er den Lysippischen Herakles epitrapezius des Nonius Vindex, den er im vorhergehenden Epigramme *nobile Lysippi munus* genannt hat, für ein Werk des Phidias gehalten habe;
Λυσίππου lego, Phidias putavi.

— Tychiades giebt also seine Verwerfung jener naturalistischen Kunstrichtung deutlich zu erkennen, und eben darauf ist es zu beziehen,
dass er jenen Ausdruck ἀνθρωποποιός, den Eukrates C.
18 vom Demetrius gebraucht, wiederholt, und noch verstärkt: οὐ θεοποιός
τις ἀλλ᾽ ἀνθρωποποιὸς ὤν. Demetrius ist kein Götterbildner: und
damit steht nicht im Widerspruch, dass Plinius unter den Werken
des Demetrius (denn ohne Zweifel ist der Demetrius bei Lucian und
der bei Plinius eine und dieselbe Person) auch eine Statue der Athene
nennt, XXXIV, 76, denn diese sogenannte *Minerva musica* (oder
wie sie sonst heissen mag, da der Beiname entschieden verdorben ist),
an der Demetrius ein seltsames, eines wahren Künstlers sicher un-
würdiges Kunststückchen angebracht hatte, wurde gewiss durch nichts
zu einer Athene, als durch Aegis und kriegerische Tracht, war aber
allem übrigen nach ein gewöhnliches Weib, getreu und nach der Natur
copirt. So kann man mit Recht sagen, dass Demetrius keine Götter
darstellte, sondern nur Menschen, und dies in sklavischer Nachahmung
der Natur, wie denn Brunn K.-G. I, 247 mit Recht sagt: „Demetrius ist Naturalist in dem Sinne, dass er die Natur in allen Einzelnheiten und selbst unschönen Zufälligkeiten nachzuahmen strebte."
Ich erinnere hier an das, was ich oben über den Kunstcharacter
des Myron gesagt habe, dem Demetrius zwar nachstrebt, aber in
gänzlich falscher Auffassung der Eigenthümlichkeit dieses Meisters.
Man kann vortrefflich eine Parallele ziehen zwischen dem Pelichus
des Demetrius und einer kleinen Statuette im Besitz des jüngeren
Plinius, die dieser in seinen Briefen beschreibt (vgl. ob. S. 24 Anm. 1),
Epist. III, 6: *Effingit senem stantem: ossa, musculi, nervi,
venae, · rugae etiam ut spirantis apparent: rari et cedentes*

Friedländer (Ueb. d. Kunst. d. Röm. S. 19) erklärt diese Stelle meiner Ansicht
nach ganz verkehrt oder vielmehr gar nicht: „Abgesehen davon, · dass dies
Niemand glauben konnte, der auch nur einige Einsicht hatte, hat das Epigramm
nur dann eine Spitze, wenn Martial sich einbildete, es sei zwischen den Werken
des Lysippus und Phidias ein grosser Unterschied, nicht blos in Stil und Behandlung, sondern auch im Kunstwerth, was doch nur bei einer Ansicht der Kunst
wahr ist, von der sich weder Martial, noch seine Zeit etwas träumen liess." —
Die Sache liegt aber so: Phidias wurde, wie wir oben (S. 19 Anm. 1) sahen, und
wie überhaupt bekannt ist, von den Alten als Fürst der Bildhauer betrachtet; und
in diesem Sinne sind die Worte Martials aufzufassen, VI, 13:
　　　*Quis te Phidiaco formatam, Julia, caelo,
　　　Vel quis Palladiae non putet artis opus?*
　　　　　　　　und X, 89:
　　　*Juno labor, Polyclite, tuus et gloria felix,
　　　Phidiacae cuperent quam meruisse manus.*
In diesem Sinne ist Phidias denn auch in jenem ersten Epigramm benutzt:
Martial macht dem Nonius damit ein Compliment, dass er vorgiebt, er habe jene
Statuette für ein Werk des Phidias gehalten, so vollendet sei sie. Auf den
Kunstcharacter des Phidias wird dabei nicht die geringste Rücksicht genommen,
und gerade in dieser Beziehung ist das Compliment auch so albern wie nur möglich.
(Vgl. K. F. Herrmann, Ueb. d. Kunst. d. Röm. S. 61).

capilli[1]), *lata frons*, *contracta facies*, *exile collum: pendent lacerti*, *papillae jacent*, *venter recessit*. *A tergo quoque eadem aetas*, *ut a tergo*. — Mit vollem Recht sagt Friedländer a. a. O. S. 20 fg., Plinius stehe hier „auf der untersten Stufe des Interesses für die Kunst,“ und mit Unrecht wendet K. F. Hermann a. a. O. S. 53 gegen Friedländer ein, Plinius preise nur „das naturgleiche Leben, also dasselbe ζωτικόν, worein schon Sokrates in dem Gespräche mit dem Erzbildner Kliton bei Xenophon Mem. III, 10, 6 die Anziehungskraft der Kunst setzt.“ Dies ζωτικόν, das die Alten so oft an Kunstwerken loben (vgl. die bei Hermann a. a. O. gesammelten Stellen), war der Vorzug der Myronischen Kunst; aber Demetrius und der Verfertiger jener kleinen Bronce des Plinius haben diesen ursprünglichen Vorzug durch Uebertreibung in einen Fehler umgewandelt. Myron liess bei aller Naturnachahmung doch nie die Schönheit aus dem Auge, während Demetrius in seinem Supranaturalismus auch das Unschöne darstellte; und diesen Unterschied zwischen beiden Richtungen hat Plinius ebenso wenig begriffen, wie der Lucianische Eukrates, der in jenem Schriftchen gewiss als Vertreter einer ganzen Klasse von Kunstkennern hingestellt ist.

Euphranor, als Bildhauer nicht minder berühmt, wie als Maler[2]), wird von Lucian öfter wegen seiner Leistungen auf letzterem Gebiet erwähnt, als wegen seiner Statuen. Nur einmal, Jup. trag. 7, wird seiner statuarischen Werke gedacht, und zwar wird er dort zusammen mit Phidias, Alkamenes und Myron genannt, Beweis genug für die Achtung, die Lucian den Leistungen dieses Künstlers zollte. Aber er gehört schon der sinkenden Zeit an, und Lucian wird, je tiefer wir in der Kunstgeschichte hinabgerathen, mit seinen Lobsprüchen immer zurückhaltender. Ein deutlicher Beweis dafür ist Skopas, der nur ein einziges Mal genannt wird, und auch diese eine Erwähnung ist sehr zweideutiger Natur. Lexiph. 12 ist nämlich die Rede von einem gewissen Dion, den Lexiphanes einen καταπύγωνα καὶ λακκοσχέαν, μίρτωνα καὶ σχινοτρώκταν nennt und noch mit andern ähnlichen Ehrentiteln belegt; dieser Taugenichts nun wird durch die Artemis, an welche sich die Aeltern in ihrer Verzweiflung über ihren ungerathenen Sohn wenden, zu einem bessern Menschen gemacht. „Denn eine Statue der Artemis steht bei ihnen mitten im Hofe, Σκοπάδειον ἔργον.“ Brunn (Künstlergesch. I, 320 und ausdrücklich wiederholend Rhein. Mus. N. F. XI, 1857 p. 167) meint, darunter könne kaum ein wirkliches Werk des Skopas verstanden

---

[1]) Wenn wir die genaue Symmetrie der Satzglieder berücksichtigen und bedenken, dass die Briefe des Plinius nicht bloss freundschaftliche, sondern für das grössere Publikum berechnete Stilproben sind, so werden wir nicht umhin können, anzunehmen, dass ursprünglich geschrieben war: *rari dentes, cedentes capilli*.

[2]) Vgl. Quint. XII, 10, 6: *Euphranorem admirandum fecit, quod et .... pingendi fingendique idem mirus artifex fuit.*

werden, sondern nur ein Werk, das· „eines so grossen Künstlers, wie
Skopas, würdig" wäre. Aber die Adjectiva auf ειος bezeichnen immer
den Ursprung einer Sache; vgl. Wörter wie βόειος, ἵππειος etc.,
und ʿΟμήρειος, ʼΑναξαγόρειος ¹). Es ist nicht abzusehen, warum
das Adjectiv Σκοπάδειος hier eine so ungewöhnliche und abweichende
Bedeutung haben sollte. Es liesse sich das aber allenfalls noch er-
tragen, wenn Skopas eine so hervorragende Stelle unter den Künstlern
einnähme, wie etwa Phidias, so dass Σκοπάδειον ἔργον soviel bedeutete,
wie „ein vortreffliches Werk"²); allein das wäre weder in Rücksicht
auf die künstlerische Bedeutung des Skopas möglich, noch können wir
annehmen, dass Lucian, der den Skopas sonst nirgends erwähnt³), jenen
Worten den angegebenen Sinn habe unterlegen wollen. Wir können
also Σκοπάδειον ἔργον nur durch „ein Werk des Skopas" übersetzen
und müssen die Anwendung des Adjectivums an Stelle des einfachen
Genetivs Σκόπα auf Rechnung des nach gesuchten, ablegenen Wörtern
haschenden Lexiphanes setzen. Entweder hat in der That ein Werk
dieses Künstlers oder, was wahrscheinlicher ist, eine Copie nach
einem solchen, im Hofe des Damasias gestanden. Auch Urlichs,
Skopas S. 81, nimmt einen Zusammenhang an zwischen dieser Statue
und der in Theben befindlichen Artemis des Skopas (Paus. IX, 17, 1);
und Sillig, Catal. artif. p. 414 zählt diese Artemis unter den Werken
des Skopas auf, obgleich er vorsichtig hinzufügt: *cujus tamen au-
ctoritati non multum tribuerim.*

Dass Skopas von Lucian fast so gänzlich mit Stillschweigen übergangen wird, muss uns um so mehr Wunder nehmen, als die Werke
dieses Künstlers, wie wir wissen (vgl. Brunn I, 324) durch den
ganzen Erdkreis verstreut waren und der Künstler selbst bei den Alten
in hohem Ansehen gestanden zu haben scheint, wenigstens wenn wir
dem Plinius glauben, der XXXVI, 25 sagt, dass der Ruhm des
Skopas mit dem des Praxiteles und anderer berühmter Bildhauer wett-
eifere. Aber nicht allein Lucian schweigt gänzlich von den Vorzügen
des Skopas, auch Cicero, Quintilian, Dionys von Halicarnass erwähnen
ihn nicht einmal dem Namen nach, während Plinius und Pausanias
zwar seine Werke anführen, aber mit Ausnahme jener oben angeführten Worte des Plinius sich ˎjedes Urtheils über ihn enthalten.
Brunn I, 325 begnügt sich damit, über dieses Schweigen der bedeu-

---

¹) Vgl. Jacobs zur Anthol. Palat. pag. 66.

²) In diesem Sinne wird *Phidiacus* bei Martial häufig gebraucht; ähnlich
wird XI, 9 Memor *Apellea arte redditus* genannt in der Bedeutung von „vortrefflich gemalt."

³) Dial. mort. XXIV, 1 werden zwar die Reliefs des Mausoleums von Halikarnass erwähnt, aber diese Stelle ist hier von keinem Gewicht, da einerseits Skopas
diese Reliefs nicht allein, sondern zusammen mit andern Bildhauern anfertigte, und
andrerseits Mausolus, der ja pro domo spricht, durchaus nicht glaubwürdig genug
erscheint, wenn er jene sein Grabmal schmückenden Kunstwerke so sehr preist: μνῆ-
μα παμμέγεθες .... ἐς κάλλος ἐξησκημένον, ἵππων καὶ ἀνδρῶν ἐς τὸ ἀκριβέστα-
τον εἰκασμένων λίθου τοῦ καλλίστου, οἷον οὐδὲ νεὼν εὕροι τις ἂν ῥᾳδίως.

tendsten Schriftsteller sein Bedenken auszusprechen, ohne das Befremdende dieser Erscheinung hervorzuheben, obgleich dieselbe doch gewiss merkwürdig ist; Ulrichs erwähnt es gar nicht einmal, nur Friederichs, Praxiteles S. 11 macht darauf aufmerksam, indem er daraus einen Schluss auf die grössere Bedeutung des Praxiteles zieht. — Auch bei den Dichtern, die doch oft Künstler von weit geringerer Bedeutung so hoch preisen, begegnet uns sein Name nur sehr selten. Beim Statius, der bei den Aufzählungen der die Villen vornehmer Römer schmückenden Kunstwerke so viele Künstlernamen nennt, kommt Skopas nie vor; Juvenal, Martial erwähnen ihn ebenfalls kaum [1]). Friedländer a. a. O. S. 37 versucht, diesen auffallenden Umstand zu erklären, macht sich aber die Sache doch etwas zu leicht, wenn er sagt: „der Grund ist einfach: sein Name ging nicht in den Hexameter, wogegen Polyklet, der anderthalb Fuss füllte, ein sehr willkommener war.“ — Dass dieser Grund ganz unhaltbar ist, geht schon daraus hervor, dass ja Statius und Martial nicht bloss Hexameter geschrieben haben, und in der That finden wir ja den Namen des Skopas in den erwähnten Hendekasyllaben des Martial IV, 34; bei Hor. Carm. IV, 8, 6; in den Priap. 9, 2, wo er mit Praxiteles, Sid. Apoll. Carm. XXIII, 503 fg., wo er mit Mentor, Praxiteles, Polyklet und Phidias verbunden wird. — Jedenfalls ist es ein anderer Grund, wesswegen Skopas bei den späteren Generationen so wenig Beachtung fand; denn dass dieser Mangel an Erwähnungen seines Namens und Aeusserungen über seine Vorzüge rein auf Zufall beruhen soll, kann ich mir nicht denken. Weiter u gehen darf ich nicht wagen: ich wollte nur auf diese befremdende Erscheinung aufmerksam machen, deren Grund zu erforschen ich mich vergeblich bemüht habe. Lucians Vorliebe für die Kunst des erhabenen Stils mag wohl mit dazu beigetragen haben, dass er den Skopas nicht so hoch schätzte, kann aber unmöglich allein genügen, sein merkwürdiges Stillschweigen zu erklären. Meiner Ansicht nach ist der Weg, den Brunn u. A. bei der Beurtheilung des Kunstcharacters des Skopas eingeschlagen haben, nicht der richtige, denn nicht nur das Wenige, was von den Alten darüber uns gesagt wird, ist zu berücksichtigen, sondern auch ihr Stillschweigen will erwogen werden. Ich für meinen Theil kann es nicht über mich gewinnen, einen Künstler, den Lucian, einer der bedeutendsten, wo nicht der erste Kunstkenner unter den uns erhaltenen alten Schriftstellern, nicht einmal einer Erwähnung würdigt, so hoch zu stellen, wie es die heutige Kunstgeschichte gewöhnlich thut.

Praxiteles ist derjenige unter den Künstlern des schönen Stils, der bei Lucian am häufigsten erwähnt wird; er wird genannt Somn. 8

---

[1]) Nur einmal wird er bei Martial genannt, IV, 39 als Toreut, zusammen mit Myron, Praxiteles, Phidias und Mentor, lauter Künstlern, bei denen es, Mentor ausgenommen, ebenso zweifelhaft ist, ob sie in der That Alle silberne Gefässe ciselirt haben, als ob Skopas diesen Zweig der Kunst betrieben hat. Vgl. Friedländer a. a. O. S. 35 ff.

mit Phidias, Polyklet, Myron, [De sacrif. 11 mit Polyklet und Phidias],
Quom. hist. conscr. s. 51 mit Phidias und Alkamenes, Imagg. 4 fgg. mit
Alkamenes, Phidias, Kalamis, Gall. 24 mit Phidias und Myron. Selbst-
verständlich bieten die angeführten Stellen nur Lobsprüche allgemeiner
Natur (Somn. 8: ἐθαυμάσθη), doch ist die Zusammenstellung mit
so bedeutenden Künstlern Beweis genug für die hohe künstlerische
Bedeutung des Praxiteles, wie das Friederichs, Praxiteles S. 9 fg. mit
Recht hervorhebt. Wie alle übrigen alten Autoren ertheilt auch Lucian
der knidischen Aphrodite unter den Werken des Praxiteles das meiste
Lob (Imagg. 4 wird sie τῶν Πραξιτέλους ποιημάτων, τὸ κάλλιστον
genannt) und die Beschreibung ihres Tempels in Knidos und der Statue
selbst, Amor. 13 ff., gleicht einem begeisterten Päan. — Sehr wichtig
für unsere Kenntniss dieses Werkes ist ausserdem noch Imagg. 6, wo
einzelne Theile der Statue für das Idealportrait der Panthea herbei-
gezogen werden. Brunn schloss aus diesen Stellen (Künstl. Gesch. I,
346 ffg.), dass die knidische Aphrodite nur ein schönes Weib, keine
Göttin gewesen sei, und dass der Künstler mehr die Schönheit des
Körpers, als die der Seele, zum Ausdruck gebracht habe, eine Auffassung, die Friederichs a. a. O. S. 25 ff. mit vollem Recht zurückgewiesen und widerlegt hat. Friederichs zieht vor Allem eine dritte
Stelle des Lucian an, Pro imagg. 23, wo die Praxitelische Aphrodite
ἡ οὐρανία Ἀφροδίτη genannt wird [1]). Man muss zugeben, dass
Lucian hauptsächlich nur von körperlichen Schönheiten spricht; aber
in den Amores entspricht dieses Lob vollkommen dem Character der
beiden Männer, die er als Lobredner einführt (S. Friederichs S. 26 fg.)[2])
und in den Imagines, wo zuerst nur das äussere Bild der Panthea
entworfen wird, während von den geistigen Vorzügen erst später die
Rede ist, kann der seelische Gehalt der Statue gleichfalls nicht in
Betracht kommen (vgl. Friederichs S. 25 fg.)[3]). Ganz ungerechtfertigt

---

[1]) Die Stelle lautet vollständig: ἐκτὸς εἰ μὴ σὺ τοῦτο εἶναι τὴν Ἀθηνᾶν
ὑπείληφας τὸ ὑπὸ Φειδίου πεπλασμένον ἢ τοῦτο τὴν οὐρανίαν Ἀφροδίτην, ὃ
ἐποίησε Πραξιτέλης ἐν Κνίδῳ κτλ. Brunn im Rhein. Mus. N. F. XI, 1857 S. 169
meint, die hier erwähnte Aphrodite Urania stehe mit der knidischen Statue in gar
keiner Beziehung, „die leibhaftige Göttin, die Göttin, welche im Himmel wohnt,
werde ihrem Bilde auf der Erde gegenübergestellt." Sehr richtig, aber die οὐρανία
Ἀφροδίτη bedeutet hier nicht „die Göttin, welche im Himmel wohnt," sondern die
erhabene, keusche Aphrodite im Gegensatz zur Pandemos und Hetaira. Und diese
himmlische Aphrodite in ihrer leibhaftigen Existenz kann doch auch nur wieder
einem Bilde der himmlischen Aphrodite gegenübergestellt werden. Wäre die
knidische Statue keine leibhafte Aphrodite Urania gewesen, so wäre die angeführte Stelle
Pro imagg. 23 widersinnig.
[2]) Hiergegen opponirt Brunn a. a. O. S. 172, aber sein Einwurf, „dass in der
Bildung der Statue doch wenigstens ein Anlass liegen musste, der es erlaubte, sie
auch vom Standpunkte jener Leute aus zu bewundern," erscheint mir durchaus
nicht stichhaltig.
[3]) Auch dies will Brunn a. a. O. S. 171 nicht gelten lassen, er führt an, dass
ja an der Sosandra der Ausdruck der Züchtigkeit gelobt werde, und dass die
Sculptur geistigen Ausdruck nicht anders deutlich machen könne, als durch jene

aber ist es, wenn Brunn in der Künstler-Geschichte a. a. O. jene bekannte, auch von andern Schriftstellern berichtete Fabel von der unkeuschen Liebe eines Jünglings zur knidischen Aphrodite (Amor. 15 fg. Imagg. 4) dazu benutzt, um die Statue zu einer die Sinne reizenden zu stempeln; Friederichs setzt a. a. O. S. 29 ff. richtig auseinander, dass ein solches Vergehen nichts gegen die Keuschheit der Darstellung beweise [1]). Ich füge seiner Auseinandersetzung nichts bei, als die Bemerkung, dass dergleichen Histörchen auch von vielen andern Kunstwerken erzählt werden, unter Anderem selbst von der Statue der Religion auf dem Grabmal Urban VIII von Bernini, ohne dass Jemand daran gedacht hat, dies dem Künstler zum Vorwurf zu machen.

Noch an einer Stelle, Jup. trag. 10, wird die knidische Aphrodite erwähnt, doch lernen wir aus dieser Stelle nichts, als höchstens, dass die knidische Aphrodite nicht, wie viele andere Statuen, vergoldete Haare hatte [2]), da sie daselbst, redend eingeführt, sich nur im Hinblick auf Homer „die goldene" nennt, und Hermes ihr darauf erwidert, er könne nichts Goldenes an ihr entdecken: εἰ μὴ πάνυ λημῶ, λίθου τοῦ λευκοῦ Πεντέληθεν, οἶμαι, λιθοτομηθεῖσα [3]).

Eigenschaften der äusseren Form und Erscheinung. Aber die an der Sosandra gepriesene αἰδώς geht doch auch nur auf das Aeussere der Statue, zum Theil sogar auf die Gewandung. Allein gesetzt selbst, Brunn hätte mit seinem Einwurfe Recht, so könnte er mit demselben Rechte auch der lemnischen Athene des Phidias seelischen Gehalt absprechen, da ja auch von dieser nur körperliche Schönheiten angeführt werden. Jedenfalls also ist der Umstand, dass in den Imagines von geistigen Eigenschaften der knidischen Aphrodite nicht die Rede ist, kein Grund, ihr dieselben in dem Grade abzusprechen, wie Brunn es thut.

[1]) Wenn Brunn im Rh. Mus. a. a. O. es betont, dass solche Geschichten nur von Eros- und Aphrodite-Statuen erzählt werden, so liegt der Grund davon keineswegs da, wo er ihn sucht, nämlich in der sinnlichen Auffassung dieser Liebesgottheiten seitens des darstellenden Künstlers, sondern in der Natur der Sache, da eine feurige südliche Natur selbst in ihrer Verirrung doch noch vor der Majestät einer Hera und der unnahbaren Strenge einer Athene zurückschrecken mochte, während man bei Gottheiten der Liebe wohl am leichtesten Verzeihung für ein durch Liebe, — sei es selbst rein sinnliche — hervorgerufenes Verbrechen finden zu können glaubte, — ganz abgesehen davon, dass unter den Statuen von Göttinnen hauptsächlich nur Aphroditen-Statuen nackt waren und daher die Sinnlichkeit eher reizen konnten. Auch mag dergleichen, wenn es wirklich auf Wahrheit beruht, nicht allein am thespischen Eros oder an der knidischen Aphrodite passirt sein; die Chronique scandaleuse der alten Welt kannte gewiss noch verschiedene ähnliche, pikante Anekdoten: aber gerade die an diesen Statuen begangenen Frevel waren die bekanntesten, weil sie an den herrlichsten Werken Griechischer Kunst verübt worden waren.

[2]) Vgl. auch Feuerbach, Vatik. Apoll. S. 186 Anm. 57 (2. Aufl.): „In Lucians Gespräche der Imaginibus wird, nachdem die smyrnaeische Schöne mit den berühmtesten weiblichen Statuen, besonders auch mit der genannten des Praxiteles verglichen worden, noch ein wesentlicher Punkt der Schönheit vermisst, die Farbe (κάλλος ἔξω τοῦ ἀγάλματος), worauf dann Gemälde angeführt werden."

[3]) Amor. 13 wird Parischer Marmor als Material angegeben. Entweder hat sich Lucian an der einen Stelle geirrt oder, was mir wahrscheinlich dünkt, jene Parenthese in den Amor. ἡ μὲν οὖν θεὸς ἐν μέσῳ καθίδρυται — Παρίου δὲ λίθου δαίδαλμα κάλλιστον — κτλ. ist ein späterer Zusatz. Diese Bemerkung über das Material ist hier keineswegs so unumgänglich nöthig, wie im Jup. trag., sondern

Der Thespische Eros des Praxiteles wird nur zweimal beiläufig erwähnt (Amor. 11 und 17), und da an jenen Stellen der Päderast besonderes Verlangen nach ihm empfindet, so benutzt Brunn diesen Umstand und die bei Plin XXXVI, 22 vom Rhodier Alcetas berichtete Geschichte wieder, um diese Statue auf ähnliche Weise herabzusetzen, wie die knidische Aphrodite. Es möchte zwar fast überflüssig erscheinen, den Praxiteles gegen derartige Insinuationen zu vertheidigen, trotzdem aber will ich versuchen, Brunn aus Lucian selbst zu widerlegen, nachdem Friederichs bereits a. a. O. S. 20 ff. das mit künstlerischen Gründen versucht hat. Man lese und vergleiche nämlich folgende beide Stellen: Amor. 32: παράστηθι φιλίας εὐγνώμων, ἱεροφάντα μυστηρίων Ἔρως. οὐ κακὸν νήπιον, ὁποῖον ζωγράφων παίζουσι χεῖρες, ἀλλ᾽ ὃν ἡ πρωτοσπόρος ἐγέννησεν ἀρχὴ τέλειον εὐθὺ τεχθέντα κτλ.; und ebend. 37: διπλοῦς θεὸς ὁ Ἔρως, οὐ κατὰ μίαν ὁδὸν φοιτῶν οὐδὲ ἑνὶ πνεύματι τὰς ἡμετέρας ψυχὰς ἐρεθίζων, ἀλλ᾽ ὁ μὲν, ὡς ἂν, οἶμαι, κομιδῇ νήπια φρονῶν κτλ ...... ἕτερος δὲ Ἔρως Ὠγυγίων πατὴρ χρόνων, σωφρονούντων ταμίας παθῶν ἤπια ταῖς ἑκάστου διανοίαις ἐμπνεῖ. καὶ λαχόντες ἵλεω τοῦδε τοῦ δαίμονος ἡδονὴν ἀρετῇ μεμιγμένην ἀσπαζόμεθα κτλ. Wenn man den ganzen Dialog über die verschiedenen Arten der Liebe und den Zusammenhang, in dem jene angeführten Worte gesagt sind, erwägt, so kann es Einem nicht entgehen, dass die citirten Stellen unzweifelhaft in Beziehung zu dem Praxitelischen Eros gesagt sind. Auch dieser war ja kein Kind, wie ihn die späteren Künstler darzustellen liebten, sondern ein Jüngling von ernster und würdiger Erscheinung.

Fragen wir nun, was Lucian am Praxiteles hauptsächlich des Lobes würdig fand, so sehen wir, dass er die beiden Hauptvorzüge, die wir bei diesem Künstler nach den Nachrichten der Alten voraussetzen müssen, mit richtigem Blick erkannte und hervorhob, nämlich die lebensvolle Naturtreue und die Erhabenheit und majestätische Würde seiner Statuen. Denn obgleich er, wie wir sahen, keine Gelegenheit hat, sich darüber auszusprechen, wie vortrefflich der Künstler in der knidischen Aphrodite die Vorzüge des Körpers und der Seele zu vereinigen wusste, so zeigt er doch wenigstens, wenngleich nur andeutend, am Eros, wie wohl Praxiteles es verstand, einem gesunden Körper eine gesunde Seele einzuhauchen. Bei der Beschreibung der knidischen Aphrodite aber hebt er das besonders hervor, was Quintil. XII, 10, 9 am Praxiteles lobt, dass er *ad veritatem optime accessit;* denn nur darauf kann man die Worte Amor. 13 beziehen: τοσοῦτό γε μὴν ἡ δημιουργὸς ἴσχυσε τέχνη, ὥστε τὴν ἀντίτυπον οὕτω καὶ καρτερὰν τοῦ λίθου φύσιν ἑκάστοις μέλεσιν ἐπιπρέπειν. Aber obgleich

erscheint sogar als ein ganz überflüssiger, frostiger Zusatz, der die ganze Beschreibung stört. Vermuthlich ist es eine von einem Abschreiber an den Rand geschriebene Anmerkung, die aus Versehen in den Text gerathen ist.

Praxiteles der Natur so nahe kam, entbehrten seine Götterbilder doch
nicht der göttlichen Majestät und Erhabenheit, wie das hervorgeht aus
c. 11, wo die knidische Venus τὸ τῆς Πραξιτέλους εὐχερείας ὄντως
ἐπαφρόδιτον genannt wird, was nichts Anderes besagen will, als was
Plinius XXXVI, 21 von demselben Werke sagt: *effigies Dea favente
ipsa, ut creditur, facta.*

Lysipp wird von Lucian nur selten genannt, nie mit den berühmten Meistern der klassischen und nachklassischen Periode zusammen;
doch scheint auch Lucian seine Bedeutung nicht unterschätzt und ihm
unter den Künstlern einen ehrenvollen Platz angewiesen zu haben, wie
aus Jup. trag. 7 hervorgeht, wo Zeus sagt, mit den andern goldenen
und silbernen Götterbildern seien auch die marmornen und ehernen
Statuen des Phidias, Alkamenes, Myron, Euphranor, ἢ τῶν ὁμοίων
τεχνιτῶν, zusammengekommen; cap. 9 wird dann ein Poseidon von
Lysipp und c. 11 ein Herakles von eben demselben als mit unter den
Versammelten befindlich, erwähnt. — Sonst wird Lysipp aber nirgends
genannt, und das hat gewiss ebenso seinen guten Grund, wie die Nicht-
berücksichtigung des Skopas. Lucian muss an der Kunst des Lysipp,
der von der strengen Ruhe und Erhabenheit der ältern Kunst weit
entfernt (vgl. Plin. XXXIV, 66; Brunn Künstl.-Gesch. I, 372) und für
den feinen Kunstkenner vielleicht zu sehr Naturalist war, kein besonderes
Gefallen gefunden haben; denn dass die Zeitgenossen Lucians den Lysipp
weniger hochgeschätzt hätten, als ihre Vorgänger, ist nicht anzunehmen.
Cicero, Plinius, Quintilian ertheilen dem Lysipp die grössten Lobsprüche; aber das geht doch aus ihrem Urtheile über ihn hervor, dass
er ebenso wie Euphranor jenes μεγαλεῖον der klassischen Kunst nicht
mehr erreichen konnte, wie das auch Brunn I, 367 ausführlich dargelegt hat.

Was wir eben vom Lysipp gesagt haben, gilt mehr oder minder
von fast allen Künstlern jener spätern Zeit. Es scheint dies der
einzige Weg zu sein, auf dem sich jene Schwierigkeit wenigstens theilweise beheben lässt, dass Lucian, der den Myron, Phidias, Alkamenes
und Praxiteles so oft rühmend erwähnt und auch im Einzelnen lobt,
von den Verdiensten des Skopas, Euphranor, Lysipp und anderer
nicht minder verdienter Künstler beinah ganz schweigt und den Polyklet
weit seltner erwähnt, als wir nach der Stellung dieses Mannes in der
Kunstgeschichte erwarten sollten. Wir sehen, dass er sich von dem
Urtheile seiner in der Kunst mehr oder weniger unerfahrenen Zeitgenossen gänzlich emancipirt und die Künstler der vergangenen Zeiten
vor sein eigenes Forum zieht. Die Künstler des Stiles, den wir jetzt
den hohen nennen, nehmen bei ihm die erste Stelle ein, unter ihnen
hinwiederum vor Allen Phidias, sodann Myron und Alkamenes, während
dem Polyklet die rechte Würde (*pondus*) für seine Götterbilder zu
sehr fehlt, als dass er mit den genannten auf völlig gleiche Stufe zu
stellen wäre. Von den Künstlern der nachfolgenden Zeit aber, des
sogenannten schönen Stils, ist Praxiteles derjenige, der Jenen am

nächsten steht: und dies Resultat, das aus Lucian wohl mit Sicherheit zu ziehen ist, beweist mehr als alle obigen Gründe, die ich meist nach der Auseinandersetzung von Friederichs angeführt habe, dass Brunn die Bedeutung dieses Künstlers unterschätzt hat, da Lucian einen Künstler, dessen Hauptbestreben es war, den Sinnen des Beschauers zu schmeicheln, nimmermehr so hoch gestellt hätte. Die folgenden Künstler aber, die der naturalistischen Richtung huldigen, entfernen sich vom wahren Ideal der Kunst immer mehr. — Wir sehen, Lucian war ein strenger, aber gerechter Kunstrichter, und wir werden das bei der Betrachtung der Maler, zu der wir jetzt übergehen, nur bestätigt finden [1]).

§ 2.
Die Maler.

Polygnot wird zusammen mit Euphranor, Apelles und Aëtion in den Imagg. c. 7 von Lucian dazu herangezogen, das aus verschiedenen Schönheiten berühmter Statuen zusammengesetzte, aber noch unbelebte Bild der Panthea mit Farben zu schmücken; denn diese vier Maler ἄριστοι ἐγένοντο κεράσασθαι τὰ χρώματα καὶ εὔκαιρον ποιεῖν τὴν ἐπιβολὴν αὐτῶν [2]). Das Lob, das dem Polygnot hier vom Lucian ertheilt wird, scheint dem zu widersprechen, was wir vom Colorit dieses Malers lesen bei Cicero Brut. 18 und namentlich bei Quintil. XII, 10, 3: *Polygnotus atque Aglaophon, quorum simplex color tam sui studiosos adhuc habet, ut illa prope rudia artis primordia maximis, qui post eos extiterunt, auctoribus praeferant, ·proprio quodam intelligendi, ut mea opinio fert, ambitu.* Diesen Unterschied zwischen dem Urtheil Lucians und jener Beiden erkennen wir noch mehr aus den folgenden Worten Lucians a. a. O.: ὁ Πολύγνωτος δὲ ὀφρύων τὸ ἐπιπρεπὲς καὶ παρειῶν τὸ ἐνερευθὲς, οἵαν τὴν Κασσάνδραν ἐν τῇ λέσχῃ ἐποίησε τοῖς Δελφοῖς, καὶ ἐσθῆτα δὲ οὗτος ποιησάτω ἐς τὸ λεπτότατον ἐξειργασμένην, ὡς συνεστάλθαι μὲν ὅσα χρή, διηνεμῶσθαι δὲ τὰ πολλά. Die röthliche Färbung der Wangen aber, wie sie Polygnots Kassandra hatte, soll dem Bilde der Panthea gegeben werden; ist es wohl glaublich, dass, wie Brunn II, 31 fg. behauptet, Polygnot damit beabsichtigte, die Farbe der Wangen „als nothwendig den Frauen anhaftend, auf ihrem eigenen Wesen beruhend" zu zeigen? Meiner Meinung nach giebt Brunn viel zu wenig

---

[1]) Ausser den angeführten Bildhauern wird kein einziger späterer von Lucian erwähnt, nur in der vermuthlich nicht Lucianischen Schrift De Dea Syria c. 34 wird des Rhodiers Hermokles gedacht, der den Kombabus im Tempel zu Hierapolis verfertigt hatte.

[2]) Vgl. ebd. τὸ ἑκάστῳ πρέπον. Plat. Soph. p. 235 D. nennt als Vorzug eines guten Malers das χρώματα ἀποδιδόναι τὰ προσήκοντα ἑκάστοις.

3

auf das Urtheil Lucians, wenn er bei der Beurtheilung des Colorits der Polygnotischen Gemälde sich hauptsächlich auf Cicero und Quintilian stützt. Ohne Zweifel ist Lucian, wenn er auch den Polygnot nicht den spätern Meistern vorzieht, doch einer von jenen Leuten, welche Quintilian *simplicis coloris studiosos* nennt; dass er aber *proprio quodam intelligendi ambitu*, wie Quintilian mit ironischem Achselzucken es nennt, den Polygnot so beurtheilt habe, das ist, so weit wir Lucian beurtheilen können, ganz undenkbar. Was mich betrifft, so glaube ich, da ich viel mehr auf das Kunstverständniss Lucians, als auf das des Cicero und Quintilian gebe, — dass wir die Gemälde des Polygnot, was das Colorit anlangt, viel günstiger beurtheilen müssen, als Brunn es gethan hat. Dass er darin schon ein vollendeter Künstler gewesen sei, behauptet Lucian ebensowenig, wie ein anderer alter Schriftsteller; ja, Lucian wagt es sogar nicht, (ausser der oben angeführten Stelle, wo er aber ebensogut mit Apelles verbunden ist, wie Kalamis mit Phidias), ihn sonst bei Zusammenstellung berühmter Maler, wie Aëtion, Zeuxis, Apelles, Euphranor, Parrhasius, diesen beizugesellen, was Andere ohne Bedenken thun (z. B. Dion. Hal. de adm. vi dic. in Dem. c. L, p. 1108). Ihm aber eine so untergeordnete Stellung anweisen, dass seine Gemälde *rudia ac velut futurae mox artis primordia* genannt werden könnten, heisst seine Bedeutung ebenso verkennen, wie wenn man ihn zu den Meistern der vollendeten Kunst rechnen wollte.

Betrachten wir nun das, was Lucian Imagg. 7 über jene vier Maler sagt, etwas näher, so sehen wir, dass es zuerst von ihnen heisst, „sie seien in der Farbenmischung am hervorragendsten gewesen.“ Plin. XXXV, 50 sagt: *quatuor coloribus solis immortalia illa opera fecere Apelles, Aëtion, Melanthius, Nicomachus;* und Cicero Brut. 18 berichtet dasselbe von Zeuxis, Polygnot und Timanthes, während er dem Aëtion, Nicomachus, Protogenes und Apelles eine grössere Kenntniss der Farben zuspricht. Es ist klar, dass jene Worte des Plinius und Cicero mit Vorsicht aufzunehmen und nur mit einer gewissen Einschränkung zu verstehen sind (s. Brunn II, 225 fg.); aber für den Polygnot, dessen Blüthezeit immerhin doch noch in die Anfänge der Malerei fällt, treffen sie gewiss zu. Lucian lobt also am Polygnot besonders den Vorzug, dass er eben diese vier Farben, die er allein kannte und benutzen konnte, vortrefflich zu mischen und dadurch eine Menge von Farbennüancen und eine Mannichfaltigkeit des Colorits zu erreichen verstand, durch die es ihm möglich war, selbst in der Technik der Malerei verhältnissmässig eine ehrenvolle Stelle einzunehmen [1]).

---

[1]) Damit steht das keineswegs im Widerspruch. was Dion. Hal. de Isaeo c. IV, p. 591 (vgl. oben S. 14 Anm. 2) sagt, eine Stelle, die sich entschieden auf den Polygnot und seine Zeitgenossen bezieht, obgleich ich sie bei Brunn nicht finden kann. Wenn es dort von den Polygnotischen Gemälden heisst, sie seien in der Färbung sehr einfach gearbeitet und hätten keine Mannichfaltigkeit in der Farben-

Es wird ferner vom Polygnot gesagt, er habe es gekonnt, εὔκαιρον ποιεῖν τὴν ἐπιβολὴν αὐτῶν (der Farben); d. h. er wusste die Farben so zu mischen und anzuwenden, dass er jedem Körpertheile die Färbung, die er sowohl an sich, als in dem dargestellten Augenblicke verlangte, gab. Das könnte nun ganz und gar nicht gesagt werden, wenn die Gemälde des Polygnot in der That, wie Brunn meint, kein Licht und keinen Schatten gehabt hätten, und wenn nur „eine einzige, vom Colorit der umgehenden Figuren abweichende Grundfarbe der bestimmten einzelnen Gestalt ihren besonderen Character verliehen" hätte. Auf diesen von Lucian gerühmten Vorzug, dass Polygnot am passenden Orte auch stets die passende Färbung fand[1]), ist eben jene Röthe der Wangen zu beziehen, welche Lucian an der Kassandra bewunderte: denn wenn Brunn Recht hätte mit seiner Ansicht, dass Polygnot überhaupt den Wangen der Frauen Röthe, als etwas ihrem Wesen Eigenthümliches, verliehen habe, dann müsste Lucian sagen: παρειῶν τὸ ἐνερευθές, οἵας τὰς γυναῖκας ἐποίησεν; aber gerade dass er diese eine Figur der Kassandra auswählt und von ihr diese Röthe der Wangen aussagt, ist ein deutlicher Beweis, dass keineswegs auch alle andern Frauengestalten des Polygnot dieselbe Eigenschaft aufzuweisen hatten.

Ausser der Färbung der Wangen lobt Lucian a. a. O. am Bilde der Kassandra auch die Augenbrauen, ὀφρύων τὸ εὐπρεπές, worüber Brunn II, 30 fg. ausführlicher spricht und mit Recht zur Vergleichung die Worte eines Epigrammendichters heranzieht (Anall. II, p. 440 n. 5):

ἐν βλεφάροις δὲ
Παρθενικᾶς ὁ Φρυγῶν κεῖται ὅλος πόλεμος,

die sich auf die Polyxena des Polygnot (Πολυκλείτου steht im Text, eine nicht seltne Verwechslung[2])) beziehen.

Ein drittes Lob, das Lucian a. a. O. dem Polygnot ertheilt, gilt dessen Gemälden im Allgemeinen, nicht einer einzelnen Figur, wie die beiden ersten; es wird nämlich an ihm gerühmt, dass er die Gewandung vortrefflich zu malen verstand; und diesen selben Vorzug erwähnt fast

---

mischung, so ist das selbstverständlich mit Rücksicht auf die spätern Maler gesagt; denn dass diese, die über eine weit grössere Menge von Farben zu gebieten hatten, auch im Colorit grössere Abwechslung erzielen konnten, ist ja natürlich: Polygnot hat nur mit seinen vier Farben alles Mögliche geleistet. — Auch was sonst an jener Stelle von den alten Gemälden gesagt wird, dass sie ἀκριβεῖς ταῖς γραμμαῖς καὶ πολὺ τὸ χάριεν ἔχουσαι seien, trifft ebenso sehr den Polygnot, als die ἁπλότης, die ebd., und die λεπτότης, die Dion. Hal. de Isocr. c. III, p. 542 am Lysias und Kalamis gelobt wird.

[1]) Der Ausdruck εὔκαιρον ποιεῖν τὴν ἐπιβολὴν τῶν χρωμάτων ist ebenso wie die ἀκριβὴς μίξις τῶν χρωμάτων terminus technicus der alten Kunstaesthetiker, wie aus Luc. Zeux. 5 hervorgeht.

[2]) Die spätern Schriftsteller verwechseln Polyklet und Polygnot sehr häufig. So z. B. spricht der ehrliche Scholiast zum Luc. Philops. 18 seine Verwunderung darüber aus, dass Polyklet, der doch, wie Euphranor, ein Maler sei, doch als Bildhauer angeführt werde. Vgl. ausserdem Anall. II, p. 279 n. 3; Tzetz. Chil. VIII, 191; Greg. Naz. in Tollii Itin. Ital. p. 66.

mit denselben Worten Ael. Var. hist. IV, 3: τὰ δὲ τοῦ Διονυσίου πλὴν τοῦ μεγέθους τὴν τοῦ Πολυγνώτου τέχνην ἐμιμεῖτο εἰς τὴν ἀκρίβειαν, πάθος καὶ ἦθος καὶ σχημάτων χρῆσιν καὶ ἱματίων λεπτότητας καὶ τὰ λοιπά[1]).

Von den Polygnotischen Gemälden wird ausser der Kassandra in der Lesche zu Delphi keines bestimmt erwähnt, nur die Gemälde in der Poekile zu Athen, die aber nicht von Polygnot allein herrührten, kommen beiläufig Jup. trag. 32 vor. Wie hoch aber die Griechen zur Zeit Lucians und wie hoch Lucian selbst diese Gemälde geschätzt haben müsse, geht aus dieser Stelle deutlich hervor, wo Zeus dem Herakles, der den in der Stoa gegen die Götter zu Felde ziehenden Philosophen Damis unter den Trümmern des Gebäudes begraben will, antwortet: Ἡράκλεις, ὦ Ἡράκλεις, ἄγροικον τοῦτ᾽ εἴρηκας καὶ δεινῶς Βοιώτιον, ξυναπολέσαι ἑνὶ πονηρῷ τοσούτους καὶ προσέτι τὴν στοὰν αὐτῷ Μαραθῶνι καὶ Μιλτιάδῃ καὶ Κυναιγείρῳ.

Von der hohen Bedeutung, die Lucian dem Zeuxis beilegte, giebt eine Stelle der Imagines einen deutlichen Beweis, c. 3: ἐμφανίσαι θαυμασίαν οὕτως εἰκόνα, πρὸς ἣν μόλις ἂν ἢ Ἀπελλῆς ἢ Ζεῦξις ἢ Παρράσιος ἱκανοὶ ἔδοξαν, ἢ εἴ τις Φειδίας ἢ Ἀλκαμένης. Noch mehr aber leuchtet seine Bewunderung dieses Künstlers hervor aus dem kleinen Schriftchen, das den Titel Ζεῦξις ἢ Ἀντίοχος führt, und das zugleich den Beweis liefert, wie trefflich Lucian die Werke dieses Meisters kannte und sich in seine Eigenthümlichkeiten vertieft hatte. Der erste Theil dieses Schriftchens (einer sogenannten προλαλία) beschäftigt sich nur mit Zeuxis und enthält die detaillirte Beschreibung eines Gemäldes von seiner Hand, der berühmten Centauren-Familie, woran Lucian seine Bemerkungen über den Kunstcharacter des Meisters anknüpft.

Lucian erwähnt zuerst, dass Zeuxis immer etwas Neues, bis dahin noch von Niemandem Gemaltes sich ausdachte und daran die Vortrefflichkeit seiner Kunst zu zeigen bemüht war, c. 3: ὁ Ζεῦξις ἐκεῖνος ἄριστος γραφέων γενόμενος τὰ δημώδη καὶ τὰ κοινὰ ταῦτα οὐκ ἔγραφεν ἢ πάνυ ὀλίγα, ἥρωας ἢ θεοὺς ἢ πολέμους, ἀεὶ δὲ καινοποιεῖν ἐπειρᾶτο καί τι ἀλλόκοτον ἂν καὶ ξένον ἐπινοήσας ἐπ᾽ ἐκείνῳ τὴν ἀκρίβειαν τῆς τέχνης ἐπεδείκνυτο. Man erinnert sich bei diesen Worten an eine bekannte Stelle aus Aristot. Poët. c. 25: πρός τε γὰρ τὴν ποίησιν αἱρετώτερον πιθανὸν ἀδύνατον ἢ ἀπίθανον καὶ δυνατόν. Καὶ πρὸς τὸ βέλτιον· τὸ γὰρ παράδειγμα δεῖ ὑπερέχειν, τοιούτους εἶναι, οἵους Ζεῦξις ἔγραφεν. — Was Brunn Künstl. Gesch. II, 84 fg. aus diesen Stellen schliesst, kann ich durchaus nicht richtig finden. Er setzt S. 85 und ausführlicher Phil. Gem. S. 265 fg.[2])

---

[1]) Was jene λεπτότης besagt und dass Plinius XXXV, 58 mit den Worten *qui primus mulieres tralucida veste pinxit* etwas Aehnliches bezeichnet, zeigt Brunn II, 28 fg.

[2]) H. Brunn, Die Philostratischen Gemälde gegen K. Friederichs vertheidigt, in den Neuen Jahrb. f. Philol. u. Pädag. Suppl. Bd. IV, S. 177 fg.

auseinander, in jenem Gemälde des Zeuxis sei das das von Zeuxis
neu erfundene Motiv und zugleich das πιϑανὸν ἀδύτατον gewesen,
dass er die Centauren, die von den früheren Künstlern wild und roh
dargestellt worden wären, gesittet und menschenähnlich gemalt hätte.
Seine Auseinandersetzung lautet an der zweiten Stelle wörtlich: „Die
Kunst vor Zeuxis hatte sich in der Bildung von Centauren schon vielfach
versucht, aber fast überall war man in ihrer Characterisirung vom
Begriff des Halbthierischen ausgegangen. Obwohl zum Theil mit menschlichem Körper begabt, sind diese Geschöpfe in ihrer Sinnlichkeit,
Rohheit und Leidenschaftlichkeit mehr Thiere als Menschen, und diesen
Grundzug bewahren sie nicht blos in den Metopen des Parthenon,
sondern meistens auch in den Werken viel späterer Zeit [1]). Zeuxis
dagegen, sagt Lucian, strebte immer etwas Neues zu erfinden, sann
auf Ungewöhnliches und Fremdartiges und wollte darin die höchste
Vollendung der Kunst zeigen. So verfuhr er nun gerade bei seinem
Centaurenbilde: er ging im Widerstreit mit der bisherigen Kunstübung
vom Begriff des Halbmenschlichen aus; obwohl von halbthierischer
Gestalt sind die Centauren des Zeuxis in ihren Gefühlen, Leidenschaften
u. s. w. rein menschlich etc."

Was Aristoteles vom Zeuxis sagt, steht mit dem, was Brunn hier
an ihm hervorhebt, in gar keiner Beziehung. Es ist nichts Unmög-
liches, dass die Centauren mild und mit menschlichen Sitten begabt
dargestellt werden; vielmehr liegt jenes πιϑανὸν ἀδύνατον darin,
dass eben Centauren gemalt werden, ein Geschlecht lebender Wesen,
die nur von der Phantasie erzeugt und im wirklichen Leben nicht an-
zutreffen sind [2]). Was Aristoteles am Zeuxis lobt, ist — auf diesen
speciellen Fall angewandt — das, dass er diese Phantasiegebilde so
vortrefflich zu malen verstand, dass sie dem Beschauer nicht mehr als
Phantasiegebilde erschienen, sondern als Wesen, die wirklich zu irgend
einer Zeit an irgend einem Orte leben könnten, kurz, dass er das
Unmögliche als glaubhaft darzustellen wusste [3]). Vgl. Zeux. 6: καὶ ἡ

---

[1]) Vgl. Luc. Prom. es in verb. 5: οὐ γὰρ ἂν φαίης ἐπέραστόν τι ζῷον τουτὶ
γενέσϑαι (die Centauren), ἀλλὰ καὶ ὑβριστότατον, εἰ χρὴ πιστεύειν τοῖς ζωγρά-
φοις ἐπιδεικνυμένοις τὰς παροινίας καὶ σφαγὰς αὐτῶν.
[2]) Gerade das betont Lucian öfters; vgl. Prom. es in verb. 5: ἀλλόκοτον τὴν
ξυνϑήκην. Hermot. 72: οὔτε γενόμενα οὔτε πώποτε γενίσϑαι δυνάμενα. Ebend.
ξένα καὶ ἀλλόκοτα. Bis accus. 32: σύνϑετόν τι καὶ ξένον. Fugit. 10: σύνϑετόν
τι καὶ μικτόν. Auch Dio Chrysost. spricht in diesem Sinne mehrfach von Centauren:
or. IV p. 184 (R): ἀλλόκοτα τέκνα, τὸ τῶν Κενταύρων γένος, ποικίλον καὶ συμ-
πεφορημένον. ebend. ϑαυμαστὰ καὶ ἄλογα ἐοικότα τοῖς Κενταύροις. XXXII,
p. 666: ποικίλον τι καὶ δεινὸν ϑηρίον. (Mit dieser Stelle stimmt Luc. Hermot. 72
fast wörtlich überein). Die Vergleichung mit den Centauren scheint bei den damaligen Rhetoren sehr beliebt gewesen zu sein. (Vgl. Luc. Dial. mort. 16, 4).
[3]) Vgl. Philostr. sen. imagg. II, 2: ἵππον ἀνϑρώπῳ συμβαλεῖν ϑαῦμα οὐδέν·
συναλεῖψαι μὴν καὶ ἑνῶσαι καὶ διαδοῦναι ἄμφω λήγειν καὶ ἄρχεσϑαι καὶ διαφεύ-
γειν τοὺς ὀφϑαλμοὺς, εἰ τὸ τέρμα τοῦ ἀνϑρώπου ἐλέγχοιεν, ἀγαϑοῦ, οἶμαι,
ζωγράφου.

μίξις καὶ ἡ ἁρμογὴ τῶν σωμάτων καθ' ὃ συνάπτεται καὶ συνδεῖται τῷ γυναικείῳ τὸ ἱππικὸν, ἠρέμα καὶ ἀθρόως μεταβαίνουσα καὶ ἐκ προσαγωγῆς τρεπομένη λανθάνει τὴν ὄψιν ἐκ θατέρου 'εἰς τὸ ἕτερον ὑπαγομένη [1]). Aber was Lucian am Zeuxis lobt, ist doch etwas Anderes; die Darstellung von Centauren ist nicht jenes καινὸν καὶ ἀλλόκοτον καὶ ξένον, da ja Centauren schon lange vor Zeuxis dargestellt wurden; das Neue und Fremdartige liegt vielmehr darin, dass Zeuxis zuerst weibliche Centauren, Centaurinnen, malte, während die Künstler vor ihm immer nur männliche Centauren darzustellen gewagt hatten. Das geht mit Evidenz aus einer Vergleichung der einzelnen Stellen hervor. Zeux. c. 3: ἀεὶ καινοποιεῖν ἐπειρᾶτο καί τι ἀλλόκοτον καὶ ξένον ἐπινοήσας ἐπ' ἐκείνῳ τὴν ἀκρίβειαν τῆς τέχνης ἐπεδείκνυτο· ἐν δὲ τοῖς ἄλλοις τολμήμασι καὶ θήλειαν Ἱπποκένταυρον ὁ Ζεῦξις ἐποίησεν ἀνατρέφουσάν γε προσέτι παιδίῳ Ἱπποκενταύρῳ διδύμῳ κομιδῇ νηπίῳ; ebend. c. 7: ἐπῄνουν δὲ μάλιστα πάντες . . . τῆς ἐπινοίας τὸ ξένον καὶ τὴν γνώμην τῆς γραφῆς ὡς νέαν καὶ τοῖς ἔμπροσθεν ἠγνοημένην οὖσαν [2]); ebend. c. 12: ὅτι μὲν θήλεια Ἱπποκένταυρος γεγραμμένη, τοῦτο μόνον ἐκπλήττονται καὶ, ὥσπερ ἐστί, καινὸν καὶ τεράστιον δοκεῖ αὐτοῖς. Diese Stellen können unmöglich anders aufgefasst werden, als wie ich es oben ausgesprochen habe und wie sie auch bisher meist verstanden worden sind [3]). Nur Böttiger hat eine ähnliche Ansicht, wie Brunn, aufgestellt (Vasengem. III, 148 ffg.), indem er behauptet, Lucian spreche nur von dem Fremdartigen und Ungewöhnlichen des ganzen Gemäldes überhaupt [4]). Das eine geht meiner Ansicht nach ganz

---

[1]) Wenn Brunn, Griech. Künstl. II. 85 die Eigenthümlichkeit, die er der Kunst des Zeuxis vindiciren möchte, auch in den andern Gemälden des Meisters, wie im Pan, im schlangenwürgenden Herakles, im gebundenen Marsyas sucht und zu finden glaubt, so verfährt er dabei ziemlich gewaltsam, indem er die Gemälde, von denen wir fast nichts, als das Sujet kennen, ganz willkürlich recoustruirt, freilich mit Rücksichtnahme auf Philostrat, hinter dessen Gemälden er ja gern die Originale berühmter Bilder sucht. Allerdings kann man jenen von Aristoteles gerühmten Vorzug des Zeuxis auch in diesen Bildern finden, aber meiner Ansicht nach beruht er auf etwas ganz Anderem. Beim Pan ist es, ähnlich wie bei den Centauren, die Verschmelzung des Thierischen mit dem menschlichen Körper, worin der Künstler seine Tüchtigkeit zeigte; und wenn wir annehmen, was leicht möglich ist, dass Marsyas nicht als gewöhnlicher Mensch, sondern bockfüssig dargestellt war, so ist es bei diesem derselbe Fall. Beim schlangenwürgenden Herakles aber beruht das Aristotelische ἀδύνατον πιθανὸν darauf, dass der kleine, noch in den Windeln liegende Herakles die grossen und starken Schlangen überwältigt und erwürgt: das ist ein Wunder, aber Zeuxis verstand dies Wunder so zu malen, dass der Zuschauer es ganz natürlich und glaublich fand.

[2]) Dass hier die γνώμη des Gemäldes „neu und den Vorgängern unbekannt" genannt wird, kann Brunns Ansicht nicht unterstützen, denn wenn bis dahin überhaupt noch keine Centaurinnen dargestellt worden waren, so konnte auch Niemand eine Centaurenfamilie, aus den Aeltern und den Jungen bestehend, malen.

[3]) Vgl. Voss, Mythol. Briefe II, 268.

[4]) Um dies zu erweisen, stützt er sich auf die Worte c. 3 ἀλλόκοτον καὶ ξένον und fügt hinzu: „Das seltsamste war bei jenem Sujet ohne Zweifel die sinnreiche

unbestritten aus den angeführten Stellen hervor, dass nach Lucians Meinung Zeuxis die Darstellung weiblicher Centauren zuerst gewagt habe, und da das Sujet des Gemäldes mit dieser Erfindung auf's innigste zusammenhängt, kann mit Recht auch das Sujet des Bildes selbst, ἡ γνώμη τῆς γραφῆς, fremdartig und neu genannt werden: aber Lucian betont das erst in zweiter Reihe.

Eine ganz andere Frage ist es, wenn Böttiger a. a. O. behauptet, dass schon vor Zeuxis Künstler weibliche Centauren dargestellt hätten, denn das käme auf einen Irrthum Lucians heraus, nicht auf eine falsche Erklärung dieser Stelle, obgleich Böttiger bei seiner Behauptung sich nicht gegen Lucian, sondern gegen seine Ausleger wendet. Was er zur Unterstützung seiner Ansicht anführt, scheint mir sehr unsicher. Denn die von ihm zum Beweise beigebrachte, sonst unbekannte Metope vom Parthenon (Böttiger a. a. O. taf. n. 7; Caylus, recueil, V. p. 178)[1]) giebt gar keinen Anhalt, da einerseits die Abbildung, nach der er allein urtheilt, sehr klein und schlecht ist, andrerseits aber die für eine Centaurin ausgegebene Figur nur vom Rücken sichtbar ist, sodass uns nichts auf weibliches Geschlecht zu schliessen berechtigt, als die nach Frauenart in einen Knoten gebundenen Haare, die wohl auf ein Weib deuten können, aber nicht müssen[2]). Diese Stütze ist also keineswegs haltbar genug, um den Lucian, wenn er dem Zeuxis jene Erfindung zuschreibt, eines Irrthums zu überführen[3]).

Von den übrigen Werken des Zeuxis wird keines weiter erwähnt, nur Tim. 54 wird beschrieben, wie Zeuxis einen Boreas oder Triton darzustellen pflegte: ἐκτετάσας τὸν πώγωνα καὶ τὰς ὀφρῦς ἀνατείνας καὶ βρενθυόμενός τι πρὸς αὐτὸν ἔρχεται τιτανῶδες βλέπων, ἀνασεσοβημένος τὴν ἐπὶ τῷ μετώπῳ κόμην, Αὐτοβορέας τις ἢ Τρίτων, οἵους ὁ Ζεῦξις ἔγραψεν. Wie sehr diese Beschreibung mit den Figuren der Centauren und allem Andern, was wir von dem Kunstcharacter des Zeuxis wissen, harmonirt, hat Brunn, Gr. K. II, 80

Art, wie Zeuxis die Centaurin mit Vorder- und Hinterfüssen ihres Rossleibes niedergelegt hatte, dass ein Junges am Pferde und das andere an der menschlichen Brust saugen konnte." Aber gerade davon sagt Lucian gar nichts.

[1]) Dass dies angeblich zu Venedig befindliche Relief eine Metope vom Parthenon sei, steht durchaus nicht fest und beruht nur auf einer Vermuthung von Caylus a. a. O. p. XXIV sqq., deren Unsicherheit in die Augen springt.

[2]) Wesshalb es bei weitem schwieriger ist, weibliche Centauren darzustellen, als männliche, setzt Böttiger a. a. O. S. 151 Anm. gut auseinander.

[3]) Brunn (Griech. Künstl. II, 83 und Philostr. Gem. S. 269 fg.) vergleicht dies Gemälde des Zeuxis mit Philostr. sen. imagg. II, 13 wo unter mehreren Centaurenfamilien auch ein kleiner Centaur beschrieben wird, der εὖ πράττει καὶ εὐφροοῦντος τοῦ μαζοῦ μειδιᾷ. Obgleich die beiden Bilder sehr von einander verschieden sind, so wird sich doch wohl nicht leugnen lassen, dass Philostrat bei seiner rhetorischen Beschreibung das Gemälde des Zeuxis und andere ähnliche Kunstwerke im Sinn gehabt habe. Wir besitzen noch mehrere Monumente, die ähnliche Situationen darstellen, so auf bacchischen Reliefs: Clarac 147, 765 und 150, 472, und auf Gemmen, bei Winckelmann Mon. ined. tav. 80 und Mus. Florent. I, 92, 5 (Müller-Wieseler I, 43, 203).

richtig dargelegt; ob aber Lucian an jener Stelle auf bestimmte Gemälde
Bezug nimmt, oder nicht, lässt sich nicht entscheiden, obgleich meiner
Ansicht nach der Umstand, dass ein Boreas oder Triton angeführt
wird, der Vergleich also ganz unbestimmt gehalten ist, dafür spricht,
dass Lucian kein specielles Gemälde im Auge hatte, sondern sich nur
ganz allgemein auf die Art und Weise, wie Zeuxis dergleichen Figuren
zu malen pflegte, bezog. Uebrigens brauche ich wohl kaum darauf
aufmerksam zu machen, dass gerade solche beiläufige Notizen, wie
diese, für Lucians kunstgeschichtliche Bildung das beste Zeugniss ablegen.
Parrhasius wird De merc. cond. 42 mit Apelles, Aëtion, Euphranor, Imagg. 3 mit Apelles und Zeuxis zusammen erwähnt, doch
ist weder von seinem Kunstcharacter, noch von seinen Werken irgend-
wo die Rede. Die angeführten Stellen zeigen aber, dass Lucian, der
bei der Auswahl von Künstlern, die er beispielsweise anführt, durchaus
nicht leichtsinnig verfährt, ihn zu den tüchtigsten Meistern zählte.

Euphranor, den wir schon oben wegen seiner statuarischen
Werke anführten, wird als Maler von Lucian ebenfalls den trefflichsten
Künstlern beigesellt, wie hervorgeht aus De merc. cond. 42, wo er
mit Apelles, Parrhasius, Aëtion genannt wird, und aus Imagg. 7, wo
er mit Polygnot, Apelles und Aëtion zusammen bei der Färbung des
Bildes der Panthea thätig erscheint. Ueber das ihm an dieser Stelle
wegen seiner Farbenmischung ertheilte Lob vgl. das oben S. 34 über
Polygnot Gesagte: er wird dazu gewählt, das Haar der Panthea zu
färben: ὁ μὲν Εὐφράνωρ χρωσάτω τὴν κόμην, οἵαν τῆς "Ηρας
ἔγραψεν [1]). Ein ähnliches Lob wird dem Euphranor, von dessen Kunst
wir überhaupt nur sehr wenig wissen, nirgend weiter ertheilt, wenn
wir nicht seinen Theseus hierauf beziehen wollen, *in quo dixit,
eundem apud Parrhasium rosa pastum esse, suum vero carne.*
(Plin. XXXV, 129; vgl. Plut. de glor. Athen. p. 346 A), ein Unterschied, der gewiss nicht allein in den Körperformen und der Statur,
sondern auch in der Färbung der Haut hervortrat. — Es folgt

Apelles, der bei Lucian unter den Malern denselben Platz
einnimmt, wie Phidias unter den Bildhauern[2]); vgl. De saltat. 35: ὡς
μηδὲν ἀμείνω μήτε Φειδίαν αὐτῆς (sc. τῆς ὀρχήσεως), μήτε
Ἀπελλῆν εἶναι δοκεῖν. Beim Bilde der Panthea erscheint er zusammen
mit Polygnot, Euphranor und Aëtion, wie wir sahen; und ausserdem
wird er De merc. cond. 42 mit Parrhasius, Aëtion, Zeuxis, und Imagg. 3

---

[1]) Diese Hera war vielleicht eine Figur aus dem die zwölf Götter darstellenden
Gemälde im Kerameikos, das Plin. XXXV, 129 und Paus I, 3, 2 erwähnen.

[2]) Auch bei Plin. XXXV, 79 erscheint er als Fürst der Maler: *verum et
omnes prius genitos futurosque postea superavit Apelles.* Vgl. Quint. XII,
10, 6: *Ingenio et gratia Apelles est praestantissimus.* Dion. Hal. de Din.
c. VII p. 644 und Sid. Apoll. ep. VII, 3 räumen ihm die erste Stelle ein unter den
Malern, wie unter den Bildhauern und Toreuten dem Phidias und Polyklet.
Vgl. auch Petron. c. 88.

mit Zeuxis und Parrhasius genannt. Wir haben oben über das Lob gesprochen, welches Lucian jenen vier Malern Imagg. 7 betreffs ihres Colorits ertheilt. Das Colorit des Apelles wird auch von Plinius gerühmt; ich habe jene Stelle bereits angeführt, wo es von ihm heisst, dass er nur mit vier Farben gemalt habe, und XXXV, 92 erinnert Plinius seine Leser, dass Apelles diese hohe Vorzüglichkeit nur durch vier Farben bewirkt habe. Brunn, Griech. Künstl. II, 225 fg. hat nachgewiesen, dass man dieses Lob durchaus nicht wörtlich nehmen dürfe. Auf seine grosse Kenntniss der Farbenmischung deuten manche einzelne Züge, die von seinen Gemälden berichtet werden; so, was Plinius vom Bilde des Blitz haltenden Alexander erzählt, a. a. O.: *digiti eminere videntur et fulmen extra tabulam esse*, ein Effect, der nur durch geschickte Vertheilung von Licht und Schatten und demgemäss auch durch richtige Farbenmischung hervorgebracht werden konnte; und am selben Gemälde wird die Färbung der Haut ganz besonders der Erwähnung werth gefunden von Plut. Alex. 4: Ἀπελλῆς δὲ γράφων τὸν κεραυνοφόρον οὐκ ἐμιμήσατο τὴν χρόαν, ἀλλὰ φαιότερον καὶ πεπινωμένον ἐποίησεν. Und so wählt sich Lucian die Pakate des Apelles aus, um das Colorit ihrer Haut der Panthea zu geben: τὸ δὲ ἄλλο σῶμα ὁ Ἀπελλῆς δειξάτω κατὰ τὴν Πακάτην μάλιστα, μὴ ἄγαν λευκὸν, ἀλλὰ ἔναιμον ἁπλῶς.

Es findet sich bei Lucian auch die Beschreibung eines grösseren Gemäldes, das er dem Apelles zuschreibt. Dies Gemälde stellte die Verläumdung dar, und die Beschreibung steht in dem Schriftchen Calumn. non tem. cred. 2 fg. Das Geschichtchen, was ebd. über die Veranlassung desselben Gemäldes erzählt wird, ist, wie Tölken, Amalthea, Bd. III, S. 130 ff. nachgewiesen hat, erfunden[1]). Vgl. Brunn, Künstl. Gesch. II, 207 fg.

Es fragt sich nun, ob jenes Gemälde wirklich vom Apelles herrührt oder nicht. Tölken spricht darüber zwar a. a. O. nicht ausdrücklich, scheint es aber doch für ein wirkliches Gemälde des Apelles gehalten zu haben[2]), da er sagt, es „biete ein merkwürdiges Beispiel der bei den Griechen öfter stattfindenden Benutzung der Malerei als Lehrmittel." Auch Brunn a. a. O. S. 215 fg. hält das Bild für echt und vergleicht es mit dem Καιρός des Lysipp[3]); er sucht darzulegen, dass dieser

---

[1]) Vgl. besonders S. 131: „Der einzige Gewährmann ist der namenlose Perieget oder Cicerone, der dem Lucian jenes Gemälde des Apelles erklärte und der mit seinen Vorgängern im Amt durch immer wiederholtes Erzählen zur Verherrlichung des Bildes ihm allmählich jenen märchenhaften Zusammenhang andichtete." Wohl mit Unrecht will Böttiger ebd. Vorr. S. XXVI die Erfindung dieser Fabel dem Lucian selbst in die Schuhe schieben.

[2]) So auch Arnauld, Sur la vie et les oeuvres d'Apelle, Mém. de l'acad. des inscr. 1807, Vol. XLIX pag. 212, der nicht allein das Gemälde, sondern auch das Histörchen dazu auf Treu und Glauben hinnimmt.

[3]) Vgl. C. F. Hermann, Ueb. d. Kunsts. d. Röm. S. 77, der das Bild mit Recht einen „Missgriff" nennt, während Tölken in allzugrosser Milde es „tiefsinnig" findet.

Missbrauch der Allegorie, auf den er auch das Gemälde der Bronte,
Astrape und Keraunobolia zurückführt (Plin. XXXV, 96), mit der
ganzen Richtung der Apelleischen Kunst übereinstimme. Allein Donner,
Blitz und Gewitter unter dem Bilde von Personen darzustellen, kann
ich nicht als Allegorie auffassen, sondern nur als Personification von
Naturerscheinungen; und was das Werk des Lysipp anbetrifft, so ist
doch ein grosser Unterschied zwischen einer einzigen allegorischen
Statue und einem Gemälde, das nicht, wie jene, einen einzelnen ab-
stracten Begriff, sondern einen ganzen in sich abgeschlossenen Gedanken
durch Combination mehrerer allegorischer Figuren zum bildlichen Ausdruck bringen will.

Während also die Genannten das Gemälde für Apelleisch halten,
meint Böttiger (Amalth. III, Vorr. S. XXIV Anm.), Tölken hätte nicht
auf halbem Wege stehen bleiben, sondern auch über die Echtheit des
allegorischen Bildes einige Zweifel empfinden sollen, und Jahn nennt
(Ber. der sächs. Gesellsch. d. Wissensch. 1853 S. 57 Anm.) das Bild eine
reine Fiction Lucians[1]). Ich kann keine von beiden Ansichten für die
richtige halten. Obgleich ich nicht glaube, dass Apelles jenes unge-
schickte und frostige Gemälde selbst angefertigt habe, kann ich mich
doch auch nicht überreden, dass Lucian dasselbe ganz und gar fingirt
habe[2]), da weder etwas in der Beschreibung vorkommt, was nicht
sehr gut dargestellt sein konnte, noch Lucian an jener Stelle dies
Gemälde, das weder etwas beweisen, noch ein Beispiel geben soll, zu
seinem Thema braucht. Wenn aber ein solches Gemälde wirklich
existirte, was war dann natürlicher, als dass er von der Verleumdung
handelnd sich desselben erinnerte und eine Beschreibung davon zum
Schmuck seiner Abhandlung beifügte, besonders da die Periegeten den
Apelles als den Verfertiger des Bildes nannten und dabei ein zwar
erdichtetes, aber doch nicht ganz unglaubliches und sicher auf einem
ursprünglichen Factum beruhendes Geschichtchen von ihm erzählten,
das Lucian bei seinem Thema vortrefflich als Beleg brauchen konnte.
Meiner Ansicht nach rührte das Gemälde nicht vom Apelles her, sondern
von einem viel späteren Maler; da dessen Name aber bald in Vergessen-
heit gerieth, tauften es die Ciceronen zu einem Werke des berühmten
Malers um, von dem hinlänglich bekannt war, dass ihm bei seinen
Lebzeiten Neider und Feinde mit Verleumdungen arg zugesetzt hatten,

---

[1]) Das war auch die Ansicht von Hirt, der es Gesch. d. bild. Künste S. 246
eine rhetorische Erfindung nennt.
[2]) Ueberdies folgt aus Ttetz. Chil. VIII, 197:

> Ὅπως ὑπ' Ἀντιφίλου δὲ ζωγράφου διεβλήθη
> καὶ πῶς αὐτὴν διαβολὴν ἔγραψεν ἐν εἰκόνι,
> εἰκόνι πάμπαν τεχνικῇ, πολλοί φασι μὲν ἄλλοι,
> Λουκιανὸς ὁ ῥήτωρ τε τοῦτο πλατέως γράφει,

mit ziemlicher Gewissheit, dass auch noch andere Schriftsteller als Lucian über
dies Gemälde und seine Entstehung geschrieben haben, obgleich es immerhin möglich
wäre, dass diese nur aus Lucian schöpften.

und der daher nach ihrer Ansicht recht gut ein solches Bild hätte
anfertigen können. Und dass in der That ein solches Bild und ähnliche
Werke existirt haben, glaube ich auch noch aus einem andern Grunde:
die Figur der Metanoia nämlich, die Lucian c. 5 beschreibt, stimmt,
wie Jahn a. a. O. bemerkt hat, fast völlig überein mit einer Figur,
die Jahn in einem Mosaikbilde (a. a. O. taf. 4. Raoul-Rochette, Mon.
ined. tab. 43, 2. Müller-Wieseler II, 75, 969) als „Reue" zweifellos richtig erklärt hat. Mit Recht fügt er hinzu, dass für ausgeführte
allegorische Darstellungen, wie dies Lucianische Gemälde, die Apotheose
des Homer, jenes Mosaikbild, besonders die spätere Zeit Neigung
gehabt hätte [1]).
 Aëtion wird De merc. cond. 42 zusammen mit Apelles, Parrhasius, Euphranor genannt, als Maler, „wie sie die jetzige Zeit
(nämlich Lucians) nicht mehr hervorbringe;" Imagg. 7 schmückt er
zusammen mit Polygnot, Euphranor und Apelles das Bild der Panthea
mit Farben aus. Die wichtigste Stelle über ihn findet sich in dem
'Ηρόδοτος ἢ Ἀετίων betitelten Schriftchen c. 7 ff., wo das berühmteste
Gemälde dieses Meisters, die Hochzeit des Alexander und der Rhoxane,
ausführlich beschrieben wird. — Stark (Archäol. Stud. S. 40 ff.) hat
wohl unwiderleglich dargethan, was schon früher vermuthet wurde,
dass dieser Aëtion kein Anderer ist, als der früher „Echion" genannte Maler, den Cic. Brut. 18 mit Nicomachus, Protogenes, Apelles
nennt und Plin. XXXV, 50 zusammen mit Apelles, Melanthius, Nicomachus den Malern der früheren Schule gegenüberstellt; Cicero erwähnt
ihn auch noch Parad. V, 2, wo er ihn mit Polyklet vergleicht. Darauf
führen uns schon die Handschriften, die bei Cicero *Eetion* oder
Aetion bei Plinius dasselbe, nur schlechtere *Ethio* oder *Echion*
bieten. Daraus folgt dann von selbst, dass wir den Künstler nicht
mit O. Müller (Handbuch § 211) in das Zeitalter des Hadrian, sondern
in das Alexander des Grossen setzen müssen.
 Der Grund, wesshalb Müller den Künstler gerade in diese Periode
ansetzen zu müssen glaubte, ist von Stark richtig [2]) als nicht stichhaltig erkannt worden. Die Stelle, auf welche sich Müller stützte,
steht bei Luc. Herod. 4 und lautet: καὶ τί σοι τοὺς παλαιοὺς ἐκείνους λέγω σοφιστὰς καὶ συγγράφους (nämlich Hippias, Prodikos,

---

[1]) Man vgl. auch manche Bilder der Philostrato. Lucian scheint De merc.
cond. 42 bei der daselbst von ihm fingirten Allegorie dergleichen Gemälde im Sinne
gehabt zu haben; auch hier erscheint am Schlusse die Metanoea: ἀπαντάτω
δ'ἐξιόντι ἡ Μετάνοια δακρύουσα ἐς οὐδὲν ὄφελος καὶ τὸν ἄθλιον ἐπαπολλύουσα.
 [2]) Die Worte Imagg. 3: τῶν παλαιῶν τινας τεχνιτῶν παρακαλέσας ἐπὶ τὸ
ἔργον, welche Stark und Brunn a. a. O. auf die in den Imagg. 7 genannten Maler
beziehen, brauchen sich keineswegs auf diese zu beziehen, da sie c. 3 stehen, die
Maler aber erst c. 7 genannt werden. Auch hat Lycinus, als er jene Worte sagt,
durchaus noch nicht die Absicht, auch Maler zu seiner Idealstatue herbeizurufen,
wie aus c. 7 a. Anf. hervorgeht, wo ihn Polystratus erst daran erinnern muss, dass
er ja die Farben des Portraits vergessen habe.

Anaximenes, Polos u. A.), ὅπου καὶ τὰ τελευταῖα ταῦτα καὶ Ἀετίωνά φασι, τὸν ζωγράφον ... κτλ. Hier hat nun Stark, dem sich Brunn (Künst. Gesch. II, 244) anschliesst, erkannt, dass die Worte τὰ τελευταῖα ταῦτα keinen chronologischen Endpunkt, wie Müller meinte, sondern eine graduelle Steigerung, also unser „zu guter Letzt, endlich noch," bedeuten, wofür er andere Beispiele aus Lucian (de mort. Peregr. 1 [1]); Scyth. 8) beibringt. Ich selbst habe früher diese Ansicht von Stark angefochten (De locis Luciani etc. p. 44 sqq.) und die Stelle durch eine Emendation zu erklären gesucht, da mir der Gegensatz von τοὺς παλαιοὺς ἐκείνους und τὰ τελευταῖα ταῦτα zu auffallend schien, als dass nicht Letzteres, wie das Erstere, chronologisch verstanden werden müsste. Allein eine ganz ähnliche Stelle, welche ich später bei Lucian fand, hat mich bewogen, meine frühere Meinung aufzugeben und zu Starks Deutung zurückzukehren. Nämlich in dem Lucianischen Schriftchen ὑπὲρ τοῦ ἐν τῇ προσαγορεύσει πταίσματος führt Lucian verschiedene Beispiele aus früheren Zeiten an, die seinen Gebrauch des Wortes ὑγιαίνειν in der Anrede anstatt des üblichen χαῖρε entschuldigen sollen; und nachdem er Plato und Pythagoras angeführt, führt er (c. 6) fort: καὶ τί σοι τοὺς παλαιοὺς λέγω, ὅπου καὶ Ἐπίκουρος ... ἐν ταῖς .. ἐπιστολαῖς ... μάλιστα ὑγιαίνειν εὐθὺς ἐν ἀρχῇ προστάττει; — Epikur ist von Plato der Zeit nach nicht weiter entfernt, als Aëtion von Hippias oder Prodikos, und doch wird Plato als παλαιός bezeichnet, also dadurch dem Epikur gewissermassen entgegengesetzt; zwar fehlt hier das anstössige τὰ τελευταῖα, sowie das ἐκείνους bei παλαιούς, aber der Gegensatz ist hier so wenig wegzuleugnen, wie an jener anderen Stelle vom Aëtion, wo doch auch das παλαιούς nicht umsonst gesagt sein kann. Wir brauchen also nach der von mir angeführten Stelle daran keinen Anstoss zu nehmen, dass Hippias, Polos u. s. w. dem Aëtion, welcher doch nur 100 Jahre jünger ist, als παλαιοί gegenübergestellt werden. Fast könnte es nach diesen beiden Stellen scheinen, als habe man zur Zeit Lucians den Untergang der Freiheit Griechenlands gewissermassen als einen Abschluss betrachtet und Die, welche im freien Griechenland gelebt hatten, im Gegensatz zu Denen, welche nach der Schlacht bei Chäronea lebten, als παλαιοί bezeichnet, wobei es denn freilich wohl passiren konnte, dass so ein Mann aus der „alten Zeit" Andern aus der „Neuzeit" ziemlich nahe stand, wie auch wir manchmal durch die scharfe Grenze des Jahres 1517 genöthigt werden, von Personen, die fast Zeitgenossen waren, die Einen dem Mittelalter, die Andern der Neuzeit zuzurechnen.

Lucian nennt den Aëtion unter der Zahl der Meister, welche im Mischen und Auftragen der Farben an passender Stelle am hervor-

---

[1]) Die beiden andern Stellen zeigen, dass Sommerbrodt in den Neuen Jahrb. f. Philol. u. Päd. 1863, 1, 625 mit Unrecht das ταῦτα, als aus τελευταῖα entstanden, wegconjiciren will.

ragendsten waren (Imagg. 7; vgl. S. 34). Plin. XXXV, 50 rechnet ihn ebenfalls zu denen, die nur mit vier Farben arbeiteten, doch gilt hier dasselbe, was wir oben von Apelles gesagt haben. Von sonstigen Eigenthümlichkeiten des Künstlers wird uns nichts berichtet. Die Beschreibung seines berühmten Gemäldes findet sich, wie schon erwähnt, Her. 5 ff. Brunn Gr. Künstler II, 247 betont bei einer kurzen Besprechung dieses Malers hauptsächlich das, dass er „das Poetisch-mythologische mit der Wirklichkeit vermische, wie sich in der Einführung der Eroten und des Hymenäos ausspreche [1]."— Imagg. 7 werden die Lippen der Rhoxane als vortrefflich gemalt lobend erwähnt.

Von den übrigen berühmten Malern aus jener und den folgenden Perioden, wie Timanthes, Pamphilus, Melanthius, Nicias, Protogenes u. A. wird keiner erwähnt; nur

Antiphilus, der Nebenbuhler des Apelles, wird Cal. non tem. cred. 2 ff. in der erdichteten Erzählung vom Apelles genannt, und

Pyrrhon, der aus einem Maler ein Philosoph wurde, wird bei läufig erwähnt Bis accus. 14 und 24, wo ihn die Malerei wegen Desertion verklagt; vgl. den Schol. zu dieser Stelle.

[Pauson und sein sich wälzendes Pferd wird in dem Nicht-Lucianischen Schriftchen Demon. Encom. 24 genannt; vgl. Plut. de glor. Ath. p. 396 E. Ael. Var. hist. IV, 15].

Mikkion, der Schüler des Zeuxis, Zeux. 7, und endlich

Kallides, ein Dial. meretr. VIII, 3 genannter Maler, scheinen keine wirklich existirenden Persönlichkeiten zu sein; es sind gewiss, wie Brunn Gr. Künstl. II, 97 und 311 meint, fingirte Namen.

Ziehen wir schliesslich das Resumé, so kommen wir auch bei den Malern im Ganzen auf dasselbe Resultat, was wir bei den Bildhauern gefunden haben. Lucian erweist sich auch hier als ein eifriger Anhänger der alten Schule, der dem alten, von den Zeitgenossen Lucians wenig gekannten und geschätzten Polygnot die schuldige Ehrerbietung zollt und, wie in der Plastik dem Phidias, so in der Malerei dem Apelles die Palme zuerkennt: ausser ihnen sind nur Wenige, die es verdienen, neben den Meistern genannt zu werden. Mit Alexander dem Grossen hört die Kunstgeschichte für ihn auf, und in den 5. Jahrhunderten, die zwischen ihm und jener Zeit liegen, ist kein Künstler, der es wagen dürfte, mit jenen zu wetteifern. Von einer Nachblüthe der Kunst, die auch nur annähernd an die Periode jener beiden

---

[1]) Die spielenden Eroten haben nichts Auffallendes, hingegen erscheint mir die Zusammenstellung des Hephästiou mit dem Hymenaeos äusserst merkwürdig. Könnte sich nicht Lucian, der ja selbst über die Deutung der einen Figur nicht ganz sicher ist ('Τμέναιος οἶμαί ἐστιν· οὐ γὰρ ἐπεγέγραπτο τοὔνομα), geirrt haben? Ich möchte die Vermuthung aussprechen, dass der Jüngling mit der Fackel nicht Hephaestion, sondern Hymenaeos, der Andere aber, auf den er sich lehnt, Hypnos, der Schlafgott, sei. Uebrigens will ich auch nicht unterlassen darauf aufmerksam zu machen, dass trotz einiger Verschiedenheiten diese von Lucian beschriebene Gruppe sehr an die Gruppe von Ildefonso erinnert.

grossen Meister erinnerte, kann nach Lucian nicht die Rede sein. Das sind fast Alles Schlüsse e silentio, aber sie haben gewiss ihre Berechtigung.

---

§ 3.
Lucian als Kunstkenner überhaupt.

Die vorhergehenden Paragraphen haben, wie ich hoffe, zur Genüge dargethan, dass ich den Satz, Lucian sei einer der ersten, wo nicht der bedeutendste unter den Kunstkennern und Kunstschriftstellern des Alterthums, soweit wir von denselben Nachricht haben, nicht mit Unrecht an die Spitze dieser Abhandlung gestellt habe. Wir haben gesehen, wie genau er den Character und die Eigenthümlichkeit jedes Künstlers kennt, wie richtig und treffend sein Urtheil im Ganzen, wie im Einzelnen ist, und während viele Stellen von seiner umfassenden Kenntniss der alten Kunstdenkmäler Kenntniss geben, sprechen andere für ein eingehendes und gründliches Studium der einzelnen Kunstwerke. Ein gesunder Sinn, gebildeter Geschmack und ein tiefes Kunstverständniss stehen ihm dabei zur Seite. Dabei versteht er es, den Kunstcharacter eines Künstlers mit wenigen Zügen treffend und deutlich zu schildern, und ebenso kurz als schlagend sind seine Beschreibungen von Kunstwerken, wo es ihm darauf ankommt, mit wenigen Worten alles Nothwendige zu sagen, während er auf der andern Seite in der Beschreibung von Gemälden ein hervorragendes Darstellungstalent besitzt und das ganze Kunstwerk vor unseren Augen mit unübertrefflicher Meisterschaft aufrollt. Bei seinem Urtheile über einen Künstler steht er durchaus auf eigenen Füssen; mitunter befindet er sich sogar mit dem Urtheil und dem Geschmack seiner Zeitgenossen in directem Widerspruche. Auf die Bewunderung des kurz vorhergehenden Zeitalters, theilweise wohl auch seiner eigenen Zeit, für die Werke des archaischen Stils und ihr Bestreben, diese Werke nachzuahmen, blickt er mit leisem Spott, obgleich er das gesunde und keusche Element in jenen Kunstwerken wohl erkannte, aber auch einsah, dass der verscheidenden Kunst seiner Zeit dadurch eben so wenig aufzuhelfen war, wie der Rhetorik etwa durch die Nachahmung der alten Redner (vgl. Jup. trag. 33, wo die damaligen Künstler, die einen archaischen Mercur unzählige Male abformen, erwähnt werden; Imagg. 12; Rhet. praec. 9). Ebensowenig theilt er die Bewunderung jenes Zeitalters für Polyklet; aber da er die Verdienste dieses Künstlers um die Normirung fester Gesetze in der Sculptur und auch seine sonstigen vortrefflichen Leistungen anerkennt, räumt er ihm neben Phidias und den andern grossen Meistern seinen Platz ein, indem er dabei freilich hauptsächlich auf die Ephebenstatuen des Künstlers Rücksicht nimmt und durch sein Uebergehen der Götterbilder zu erkennen giebt, dass diese seiner Ansicht nach nicht alle Bedingungen der vollendeten Kunst erfüllten. —

Die Künstler, die nur nach einer möglichst genauen Nachahmung der Natur streben, werden von ihm nicht weniger verspottet, als Diejenigen, welche solche Werke preisen und bewundern (Philops. 18; ebd. 20), nur die ist für ihn die echte und wahre, die Schönheit mit Naturtreue so verbindet, dass keine von beiden über der andern vernachlässigt wird, und die selbst Schwieriges und Kühnes schön und wahr wiederzugeben versteht (Myrons Discobol, Philops. 18; die Aphrodite des Praxiteles, Amor. 13; die Centauren des Zeuxis, Zeux. 3 und 6). Gegen falsche Kunstkritiker zieht er zu Felde; er tadelt die, welche den Künstler missverstehend nicht die Kunst des Werkes selbst, sondern den dargestellten Stoff bewundern, die nicht fragen, wie etwas, sondern was dargestellt sei, und über einen neuen Gedanken, etwas vorher noch nicht Dagewesenes in Erstaunen gerathen, ohne sich darum zu kümmern, wie der Künstler seinen neuen Gedanken zum Ausdruck gebracht habe: οὗτοι τὸν πηλὸν τῆς τέχνης ἐπαινοῦσιν (Zeux. 7; ebd. 12; Hermot. 72); er nimmt die hart mit, die über dem Beiwerk und nebensächlichen Zuthaten das Kunstwerk selbst vergessen und Kleinigkeiten loben, anstatt das ganze Kunstwerk in seiner Totalität in sich aufzunehmen, niedrige Seelen, denen es möglich ist, vor dem olympischen Zeus stehend über den Schemel und die Fusssohlen des Gottes in Entzücken zu gerathen (Quom. hist. conscr. s. 27); er macht sich lustig über die Sorte von Kunstkennern, die Portraitstatuen nur nach der eleganten und sorgfältigen Ausführung der Gewandung beurtheilen, Hermot. 19: ἀνδριάντων ταύτην ἐξέτασιν λέγεις τὴν ἀπὸ τῶν σχημάτων · παρὰ πολὺ γοῦν ἐκεῖνοι εὐσχημονέστεροι καὶ τὰς ἀναβολὰς κοσμιώτεροι, Φειδίου τινος ἢ ᾿Αλκαμένους ἢ Μύρωνος πρὸς τὸ εὐμορφότατον εἰκάσαντος [1]).

Obgleich nun Lucian, wie aus seinen Schriften zur Genüge hervorgeht, ein so grosser Bewunderer und Liebhaber der Kunst war, so giebt es doch einen Fall, in dem er zuweilen gezwungen ist, ihr gleichsam entgegengetreten: nämlich wenn er den Aberglauben seiner Zeit und die alte Religion, die durch die Götterbilder Nahrung und Stütze empfing, bekämpft. Wie wir ihn gegen die falschen, Kunstkennerschaft erheuchelnden Kritiker kämpfen sehen, so macht er sich

---

[1]) Dass hier nur von Portraitstatuen, nicht von Bildsäulen im Allgemeinen die Rede ist, geht sowohl aus dem gewöhnlichen Gebrauche von ἀνδριάς (vgl. Tim. 43; Dial. mort. 10, 6; Vit. auct. 3; Hermot. 51 u. s.) hervor, wie aus dem Worte εἰκάζειν, das ebenfalls fast nur von Portraitbildnerei resp. Malerei gebraucht wird (vgl. Dial. mort. 24, 1; Alex. 3; Herod. 6; Pro imagg. 6; Hermot. 44). Im Uebrigen kann ich mir nicht denken, dass Lucian obige Worte als seine eigene Ansicht ausspricht; man übersetze: „Du sprichst von einer Beurtheilung, wie sie bei Portraitstatuen zu geschehen pflegt" — natürlich von Unverständigen, da doch dies σχῆμα, worunter ebensowohl die Gewandung, wie die Haltung und Stellung zu verstehen ist, unmöglich den alleinigen und ersten Gesichtspunkt bei der Beurtheilung solcher Kunstwerke abgeben kann. In Lucians Zeit freilich — das beweisen uns ja auch die Denkmäler — war der Kopf, der seelische Ausdruck der Bildsäule, Nebensache geworden.

auch lustig über die Klasse von Menschen, welche die Götterbilder nicht
als Kunstwerke, sondern als die Götter selbst betrachten und anbeten.
Dann scheut er kein Mittel, selbst das schärfste nicht, um diesem,
meist unter dem ungebildeten Volke verbreiteten Irrthume [1]) entgegen-
zutreten. Wie später die Christen, um die Nichtigkeit der heidnischen
Götter offen darzulegen, die goldelfenbeinernen Colosse zerbrachen und
ihre Eingeweide an's Licht brachten [2]), so auch Lucian. Ohne Er-
barmen, ohne Rücksicht auf die Schönheit dieser meist herrlichen
Gebilde aus den besten Zeiten griechischer Kunst deckt er alle ihre
Schäden auf und beschreibt gern, welch hässlichen Anblick das Innere
dieser Statuen gewährt und wie Schaaren von Mäusen darin ihr Wesen
treiben. (Vgl. Jup. trag. 8 und Gall. 24). Er verspottet Diejenigen,
welche die Statuen der Götter für die Götter selbst halten (Pro imagg. 23),
ein frommer Aberglaube, der den Gemüthern der Alten, insbesondere
der Griechen, gewissermassen angeboren war, aber zur Zeit Lucians
von seiner ursprünglichen Naivität wohl Alles verloren haben mochte.
Ich könnte hier noch eine andere darauf bezügliche Stelle anführen,
De sacrif. 11: ἔπειτα δὲ ναοὺς ἐγείραντες, ἵν᾽ αὐτοῖς μὴ ἄοικοι
μηδὲ ἀνέστιοι δῆθεν ὦσιν, εἰκόνας αὐτοῖς ἀπεικάζουσι παρακα-
λέσαντες ἢ Πραξιτέλην ἢ Πολύκλειτον ἢ Φειδίαν, οἱ δὲ οὐκ οἶδ᾽
ὅπου ἰδόντες ἀναπλάττουσι γενειήτην μὲν τὸν Δία, παῖδα δ᾽ἐς ἀεὶ
τὸν Ἀπόλλωνα καὶ τὸν Ἑρμῆν ὑπηνήτην καὶ τὸν Ποσειδῶνα κυα-
νοχαίτην καὶ γλαυκῶπιν τὴν Ἀθηνᾶν· ὅμως δ᾽οὖν οἱ παριόντες
ἐς τὸν νεὼν οὔτε τὸν ἐξ Ἰνδῶν ἐλέφαντα ἔτι οἴονται ὁρᾶν οὔτε
τὸ ἐκ τῆς Θρᾴκης μεταλλευθὲν χρυσίον, ἀλλ᾽ αὐτὸν τὸν Κρόνου
καὶ Ῥέας ἐς γῆν ὑπὸ Φειδίου μετῳκισμένον κτλ. [3]) Allein auch
ich halte dies von Becker und Sommerbrodt für untergeschoben erklärte
Schriftchen nicht für echt. Abgesehen nämlich von dem, was man
sonst vielleicht gegen die Echtheit desselben vorbringen könnte, hinsichtlich stilistischer und sprachlicher Bedenken und des Characters
der ganzen Schrift überhaupt, ist für mich hauptsächlich die oben angeführte Stelle und was daselbst von den Götterbildern und ihren Typen
gesagt wird, im höchsten Grade befremdend, da es keineswegs von
einem so feingebildeten Kunstkenner, wie Lucian, zu kommen scheint.
Die für die einzelnen Götter angegebenen besondern Kennzeichen sind
nicht im Geringsten scharf und treffend, da der Bart dem Poseidon,
Asklepios u. a. ebensogut zukommt, wie dem Zeus, ferner Dionysos

---

[1]) Bei den Vornehmen, bei gebildeten und unterrichteten Leuten kann er sich
so etwas gar nicht denken; vgl. Pro imagg. 23. Der alte Glaube und mit ihm der
alte Aberglaube, bloss noch zehnmal ärger, fand jener Zeit hauptsächlich bei dem
Landvolke und dem ungebildeten Haufen seine Zuflucht.
[2]) Vgl. Euseb. Vita Const. III, 54; Arnob. III, 16. u. s.
[3]) Vgl. Feuerbach, Vatikan. Apoll. S. 24 fg.; Bötticher, Tekton. d. Hell. II,
130; Overbeck in d. Ber. d. sächs. Gesellsch. d. Wissensch. f. 1865 S. 239 ff., besonders S. 252, wo er über Lucian spricht.
[4]) Vgl. Feuerbach, Vatik. Apoll. S. 22. Anm. 15.

ebenfalls gewöhnlich jung dargestellt wird, wie Apollo. Auffallend ist die Bezeichnung der Athene als γλαυκῶπις. Wir können dies Attribut nur auf eingesetzte Augen beziehen, und so lässt es sich auch so ziemlich rechtfertigen (vgl. Plat. Hipp. maj. p. 290 B.; Paus. I, 14, 5); allein merkwürdig bleibt es immer, da die Fälle doch nur einzelne sind, wo einer Athenestatue Augen eingesetzt wurden, während die meisten, namentlich die marmornen Bildwerke dieses Schmuckes wohl entbehrten; die Farbe der Augen kann also nur von einem in der Kunst nicht sehr Bewanderten als besonderer Typus der Athena angegeben werden. Vollkommen unerklärlich aber erscheint mir der Ποσειδῶν κυανοχαίτης. Die Alten berichten uns viel und oft sehr Wunderbares von der Polychromie der Statuen, namentlich der Broncestatuen; aber dass die Haare auf andere Weise vor dem übrigen Körper ausgezeichnet wurden, als etwa durch Gold, Silber oder andere Metalle, davon berichten sie nichts [1]), und eine Poseidonstatue mit schwarzen Locken wäre wohl auch ihnen als ein Meerwunder erschienen [2]). Meiner Ueberzeugung nach hat der Verfasser der Schrift Περὶ θυσιῶν, in Verlegenheit, bezeichnende Merkmale am Körper des Poseidon oder der Athene aufzufinden, die bei den Dichtern so beliebten Epitheta dieser beiden Gottheiten als Kennzeichen gesetzt, ohne darauf Rücksicht zu nehmen, ob dieselben auch wirklich auf die Plastik Anwendung fanden. Ein wahrer Kunstkenner, wie Lucian, hätte, wie

---

[1]) Müller im Handb. § 310 Anm. 5 führt „mit Wachs gefärbte Haare einer Bildsäule" an, welche „deutlich" bei Athen. XIII p. 608 D. erwähnt seien. Die Verse des Chaeremon lauten daselbst:

κόμαι δὲ κηροχρῶτες ὡς ἀγάλματος
αὐτοῖσι βοστρύχοισιν ἐκπεπλασμένοι
ξουθοῖσιν ἀνέμοις ἐνετρύφων φορούμενοι.

Nach Analogie vieler anderer Adjectiva auf χροος (χρους) oder χρως (z. B. λευκόχρως, μελάγχρως, γλαυκόχρως, κυανόχρως, χρυσόχροος u. a.) heisst hier κηροχρώς wohl nicht „mit Wachs gefärbt," sondern „wachsfarbig," so gut wie μιλτόχροος (Ttetz. Posthom. 269) nicht „mit Röthel bestrichen," sondern „rotfarbig" heisst. Der Vergleich bezieht sich also vermuthlich auf die gelbliche Färbung, welche der Marmor, und nicht allein die Haare, sondern die ganze Statue, durch die enkaustische Behandlung mit Wachs (γάνωσις) erhalten mochte; und dem entspricht ganz, dass die Locken nachher ξουθοί genannt werden: denn diesen Dativ ξουθοῖσιν mit ἀνέμοις zu verbinden und darnach die bei weitem seltnere Bedeutung von ξουθός anzunehmen, scheint mir weniger gerathen, als die einfache Zurückbeziehung auf βοστρύχοις. Von Färbung der Haare durch Wachs kann ich demnach an dieser Stelle nichts finden.

*) Natürlich werden hier die buntbemalten Schnitzbilder und Tempelidole ausgenommen, da ja nur von Werken bedeutender Bildhauer, wie Praxiteles, Polyklet, Phidias, und nachher von chryselephantinen Statuen die Rede ist. — Christod. ecphr. 65 fg. beschreibt eine Statue des Poseidon mit folgenden Worten:

ἐγγύθι δ' εὐρύστερνος ἐφαίνετο κυανοχαίτης,
γυμνὸς ἐών, πλόκαμον δὲ καθειμένον εἶχεν ἐθείρης.

Aber hier steht κυανοχαίτης offenbar nur in poetischer Weise für den Namen des Gottes, wie oft bei Homer u. A.

4

bei den andern, früher genannten Göttern, so auch bei Poseidon und Athene gar wohl die der Bildung dieser Gottheiten eigenthümlichen Formen herausgefunden, so gut, wie wir sie jetzt kennen.

Einen ähnlichen Aberglauben, wie den, welcher in den Statuen die Götter selbst erblickt, macht Lucian dem Volke zum Vorwurf, dass es nämlich die mannichfaltigen und wunderbaren Erfindungen der Künstler und Dichter, Chimären, Centauren, Gorgonen u. s. w. für wahrhaftig hält; Hermot. 72: καὶ ὅμως ὁ πολὺς λεὼς πιστεύουσιν αὐτοῖς καὶ κηλοῦνται ὁρῶντες ἢ ἀκούοντες τὰ τοιαῦτα διὰ τὸ ξένα καὶ ἀλλόκοτα εἶναι. Damasias, der von der ihm zunickenden Artemisstatue Gewährung seines Gebets erhält, wird nicht weniger verspottet, als die Leute, welche sich einbilden, dass Statuen Wunder thun, ein Aberglaube, der selbst bei den gebildeten Leuten oder solchen, welche sich zur gebildeten Klasse rechneten, nicht selten angetroffen wurde und in seiner Schilderung bei Lucian uns oft an die noch heut zu Tage Wunder verrichtenden Heiligenbilder erinnert. Vgl. Philops. 19 und 21; Deor. concil. 12; ([De Dea Syr. 10]; Piscat. 21; [Demon. 27]; Jup. conf. 8; Jup. trag. 7) [1]).

Wie alle andern Thorheiten seiner Zeit, so bekämpft Lucian auch die damals auf den höchsten Punkt gestiegene Unsitte, unbedeutenden Menschen, die weiter kein Verdienst um den Staat haben, Statuen zu setzen[2]); vgl. Nigrin. 29; Tim. 51; De salt. 14; Lexiph. 11; [Demon. 58]; De gymn. 17; De morte Peregr. 41. Sonst erwähnt er die Kunst seines Zeitalters nur sehr selten und dann auch noch häufiger die Malerei, als die Bildhauerkunst[3]). Er erwähnt die gleichzeitigen Maler (γραφέων παῖδες) öfters, nie lobend, zuweilen tadelnd, wie z. B. Amor. 32, weil sie den Eros παίζοντες als kleines Kind darstellten (doch kann dies eben so gut aus der Seele des dort Redenden, wie aus der des Lucian gesagt sein); und Cronosol. 1, weil sie, schlechten Dichtern folgend, den Kronos mit Schmutz bedeckt und gefesselt malten. Doch gesteht er ihnen in ihrem künstlerischen Schaffen eine gewisse Freiheit gern zu; Hermot. 72: καὶ ὅσα ἄλλα ὄνειροι καὶ ποιηταὶ καὶ γραφεῖς ἐλεύθεροι ὄντες ἀναπλάττουσιν οὔτε γενόμενα

---

[1]) Ueber Statuen, die laufen, sprechen, schwitzen, Kranke heilen u. s. w. vgl. Feuerbach a. a. O. 36 fgg.; Overbeck a. a. O. 256 fg.

[2]) Vgl. die Herausgeber zu Winckelmann, Werke VI, 410 fgg.

[3]) Unter den aus der Kunst genommenen Vergleichen beziehen sich die meisten auf die Malerei: Prom. es in verb. 5; Tim. 54; Herod. 4 ff.; Zeux. 3 ff.; Hermot. 72; Quom. hist. conscr. s. 10; ebd. 13; Ver. hist. I, 8; ebd. II, 44; Toxar. 63; Rhet. praec. 6; Amor. 32; Imagg. 7; Pro imagg. 6; [Dips. 6;] Cronos. 1; Conviv. 14. Viel weniger sind aus der Sculptur entnommen: Hermot. 19; Quom. hist conscr. s. 27; ebd. 51; De salt. 75; Imagg. 4 ff.; Pro imagg. 11; Gall. 20; Rhet. praec. 9. Bei einer genaueren Prüfung dieser Stellen wird man finden, dass die Beispiele der Sculptur sich meistens auf ältere, berühmte Kunstwerke beziehen, die aus der Malerei aber sehr oft der Kunst der Gegenwart entnommen sind.

πώποτε οὔτε γενέσθαι δυνάμενα¹). Vgl. Pro imagg. 18: παλαιὸς οὗτος ὁ λόγος, ἀνευθύνους εἶναι καὶ ποιητὰς καὶ γραφέας.

Was sonst noch über die Kunst zur Zeit des Lucian zu sagen ist, versparen wir uns bis auf das dritte Kapitel. Hier habe ich blos noch einige Worte beizufügen über die Kenntniss der Technik, die wir bei Lucian finden. Ich habe in der Einleitung darauf aufmerksam gemacht, dass hierauf wohl der Beruf seiner nächsten Verwandten, zu dem auch er eine Zeitlang bestimmt war, einigen Einfluss gehabt haben mag, mehr, als auf seine Kenntniss der Kunst selbst; und in der That finden wir bei ihm Andeutungen, aus denen wir auf eine nicht gewöhnliche Bekanntschaft mit der Technik der Sculptur schliessen dürfen. Wir erfahren genau die Art und Weise, wie die chryselephantinen Statuen angefertigt wurden, aus einer Stelle, die für unsre Kenntniss dieser Technik von der höchsten Wichtigkeit ist, Quom. hist. conscr. s. 51. (Vgl. Jup. trag. 8; Gall. 24). Aus Jup. trag. 33 erfahren wir, wie die Erzgiesser von einer Statue einen Abguss zu nehmen pflegten; wie schwer es für einen Marmorarbeiter sei, die Statue so aus dem Steine herauszuarbeiten, dass man dem Künstler nie anmerke, hier und da habe ihm das Material Schwierigkeiten in den Weg gelegt, bemerkt er Amor. 13, und ebd. 15 wird ein Künstler als tüchtig gelobt, der Fehler im Marmor, wie sie manchmal vorkommen, an Theilen der Statuen, die weniger sichtbar sind, unterzubringen weiss. Dass Lucian in der Technik der Malerei weniger unterrichtet war, als in der Plastik, kann uns nicht Wunder nehmen. Er sagt es selbst mehrfach, Zeux. 3: τὴν εἰκόνα — ὑμῖν, ὡς ἂν οἷός τε ὦ, δείξω, οὐ μὰ τὸν Δία γραφικός τις ὤν, ἀλλὰ πάνυ μέμνημαι. Alex. 3: καίτοι μὴ πάνυ γραφικός τις ὤν; und er wünscht streng von den Sachverständigen gesondert zu werden: Zeux. 12: γραφικοὶ γὰρ ὑμεῖς καὶ μετὰ τέχνης ἕκαστα ὁρᾶτε; ja es erscheint sogar, als mache er sich ein klein wenig über die Leute lustig, die sich bei der Beurtheilung von Gemälden technischer Ausdrücke bedienen; solche dürfen wohl die Maler, die sie verstehen, anwenden, aber ein Laie (ἰδιώτης) muss an einem Gemälde das loben, was allgemein verständlich ist, nicht sich in unverdauten Phrasen bewegen (Zeux. 5). Wir kommen auf diese sogenannten Kunstverständigen obenfalls im dritten Kapitel zurück. So hält sich denn auch Lucian bei seiner Beurtheilung von Malern und Gemälden streng innerhalb der einem Laien gesteckten

---

¹) Die Bildhauer haben keineswegs ganz dieselbe unbeschränkte Freiheit, darzustellen, was sie wollen; in der That haben die alten Bildhauer solche Ungeheuer, wie Gorgonen, Chimaeren u. s. w. viel seltener dargestellt, als die Maler, und das ist natürlich, denn bei der Darstellung solcher Phantasiegebilde ist die Farbe eines der Hauptmittel, durch die das Unnatürliche gemildert und das Dargestellte der Möglichkeit näher gebracht werden kann. Vgl. Hor. A. P. 9 sq.:

Pictoribus atque poëtis
Quodlibet audendi semper fuit aequa potestas.

Grenzen; er lobt hier und da das Colorit[1]), einzelne Parthieen eines
Bildes, an grösseren Gemälden meistens die Behandlung des Sujets, die
Art der Composition, wie z. B. an den Centauren des Zeuxis die Man-
nigfaltigkeit, die der Künstler an einem und demselben Motive zu
entwickeln wusste, Zeux. 5: *ἐγὼ δὲ τοῦ Ζεύξιδος ἐκεῖνο μάλιστα
ἐπήνεσα, ὅτι ἐν μιᾷ καὶ τῇ αὐτῇ ὑποθέσει ποικίλως τὸ περιττὸν
ἐπεδείξατο τῆς τέχνης*, was er dann in sehr hübscher Weise weiter
ausführt. Von der Technik ist nirgends die Rede: auch der Farbenmischung der berühmten vier Maler Imagg. 7 geschieht nur eine beiläufige Erwähnung. Aber wir haben keine Ursache, das zu bedauern;
seine Beschreibungen von Kunstwerken sind für uns unendlich mehr
werth, als wenn er über Farbenmischung etc. gelehrte Untersuchungen
uns hinterlassen hätte. Wie die Beschreibung der knidischen Aphrodite
im strengsten Sinne des Worts classisch genannt zu werden verdient
und uns an die Winckelmann'sche Schilderung des Vatikanischen Apollo
erinnert, so sind seine Schilderungen der Gemälde des Zeuxis und
Aëtion wahre Muster archäologischer Beschreibung und bei weitem das
Beste, was uns in dieser Art bei den alten Schriftstellern erhalten ist.
Während die Schilderungen von Gemälden bei Pausanias meist entweder
zu dürftig oder so nachlässig und unklar gemacht sind, dass es nur
selten möglich ist, das beschriebene Bild im Geiste zu reconstruiren,
sind die Beschreibungen des Lucian so lichtvoll und scharf, dass sie
fast als Ersatz für die verlorengegangenen Kunstwerke selbst dienen
könnten. Denn er beschreibt nichts, als was er sieht, und enthält
sich ebensosehr aller überflüssigen Worte, als die Philostrate, deren
Beschreibungen überhaupt mit den Lucianischen den schärfsten Contrast
bilden, von diesem störenden Ballast mehr als zuviel bieten[2]).

---

[1]) Welch feines ästhetisches Gefühl Lucian für Farbeneffecte in Malerei und
Plastik besass, das zeigen nicht nur die zarten Unterscheidungen des Colorits verschiedener Meister in der Schrift de Imagg. 7, sondern auch andere Stellen wie De
dom. 8 und Jup. trag. 8, worauf Feuerbach aufmerksam macht, Vatik. Apoll.
S. 183 Anm. 46.

[2]) Einigen kleinen rhetorischen Beigeschmack bieten, wie wir im 2. Kapitel
sehen werden, nur die De dom. 22 ff. beschriebenen Gemälde dar. Nach Art der
damaligen Kunstschriftsteller über die Intention des Künstlers bei Darstellung dieser
oder jener Figur oder Handlung eine Bemerkung zu machen, erlaubt sich Lucian
nur sehr selten, wie Herod. 6. De dom. 23.

Zweites Kapitel.

Ueber die bei Lucian beschriebenen oder erwähnten Kunstwerke.

§ 1.

Ueber die Schrift „Περὶ τοῦ οἴκου" und die in derselben beschriebenen Gemälde.

Zwei Fragen, von denen wohl keine mit völliger Sicherheit sich wird beantworten lassen, sind es, die bei der Schrift *Περὶ τοῦ οἴκου* vor Allem an uns herantreten: die eine, ob das Schriftchen von Lucian ist oder nicht, die andere, ob die darin beschriebenen Gemälde wirklich existirt haben, oder ob sie nur von Lucian nach rhetorischer Sitte fingirt sind. — Was die erste Frage nach der Echtheit der Schrift anbelangt, so steht es mit dieser Schrift, wie mit den meisten andern angezweifelten Schriften Lucians; die Gründe, die für oder gegen die Echtheit vorgebracht werden, sind meistens sehr subjectiv und was dem Einen recht gut Lucianisch zu sein scheint, findet der Andere dem Geiste des Schriftstellers gänzlich zuwider. So lange noch nicht genauere Untersuchungen über den Lucianischen Sprachgebrauch im Allgemeinen, wie im Besondern, angestellt sind, werden daher diese Fragen über die Echtheit Lucianischer Schriften nur bedingungsweise gelöst werden können. Sommerbrodt hält das Schriftchen für untergeschoben, während Becker und Dindorf es dem Lucian zuerkennen. Welcker (Halle'sche Allgem. Litteraturztg. f. 1836 Oct. n. 178 S. 192) lässt es ungewiss, ob es von Lucian, oder einem andern Rhetor verfasst sei [1]). Der Inhalt der Schrift ist, kurz zusammengedrängt, folgender:

---

[1]) Seine Ansicht über den Werth der Schrift fasst er a. a. O. besonders in folgenden Worten zusammen: „Die Schrift enthält die gehaltsamste und feinste Ironie und Persiflage und zeigt die Eitelkeit und zugleich das Bedenkliche der Aufgabe, welche die Sophisten der Zeit sich setzten (worin zwar Lucian selbst einige glückliche Versuche angestellt hat), in Schildereien und Pigmenten der Rede mit den Malern zu wetteifern (*λόγῳ ἀμείψασθαι τὴν θέαν*)." Was mich betrifft, so kann ich diese feine Ironie und Persiflage keineswegs herausfinden.

Der Rhetor legt dar, dass Jemand, der in einem schönen, prachtvollen Saale [1]), der schön gebaut und mit Gemälden und Kunstwerken geschmückt ist, sich aufhält, mit seinem Lobe nicht zurückhalten dürfe (c. 1—4). Freilich darf der Saal nicht nach barbarischer Weise mit übergrossem Luxus ausgeschmückt sein, sondern zwar geschmackvoll, aber einfach (c. 5—7). Ein solcher Saal ist denn auch der, in welchem der Rhetor mit einigen Andern augenblicklich verweilt und den er nun ausführlicher beschreibt und lobt (c. 8—13). Gegen diesen Rhetor steht nun ein Anderer auf und zeigt, dass dergleichen Lobeserhebungen ebenso thöricht als überflüssig seien, da sie den Zuhörer nur vom Sehen abzögen (c. 14—22). Um das zu beweisen, beschreibt er die in dem Saale befindlichen Gemälde in der Kürze, um so zu zeigen, wie unnütz und lästig solche Lobpreisungen und Beschreibungen wären (c. 23—32).

Dies der ungefähre Inhalt des Schriftchens. Vergebens werden wir darin Lucians feinen Witz und geistreiche Satire suchen; das attische Salz fehlt gänzlich, ja manche Stelle, wie z. B. die im 20. Kapitel, wo der ionisch redende Herodot auftritt, erscheint geradezu frostig, aber es fragt sich doch, ob es hinreicht, um darauf hin dem Lucian die Schrift ohne Weiteres abzusprechen. Wissen wir doch, dass Lucians frühere Schriften und theilweise auch noch Werke aus späteren Perioden, deutlich zeigen, dass er sich nur langsam und allmählich aus den Fesseln des in den Rhetorenschulen üblichen Schwulstes befreien konnte. Sowohl der Stoff des Buchs, als die Art und Weise, wie er behandelt wird, erinnert ja an die Aufgaben, die in den Rhetorenschulen den Schülern gestellt wurden, wo je ein Redner für und gegen auftritt und seine Meinung vorträgt. Ich sehe daher nicht ein, wesshalb man dem Lucian das Buch absprechen müsse, obgleich wir ihm keinen sehr hohen Werth beilegen können. Vielleicht hat Wieland Recht mit seiner auch von Welcker (Philostr. praef. p. LXV) gebilligten Ansicht (Uebersetzung VI, 327), dass es Lucians Hauptabsicht gewesen zu sein scheine, „dem vermuthlich vornehmen Eigenthümer des Saals, worin er in Gegenwart einer ansehnlichen Versammlung einige seiner Werke vorlesen sollte, ein Compliment dadurch zu machen, dass er den Saal selbst (auf dessen Schönheit sich der Mann vermuthlich viel zu Gute that), zum Gegenstande seiner vorläufigen Anrede wählte." —

Ueber die zweite Frage, ob die Gemälde, die Lucian am Ende des Schriftchens beschreibt, als wirklich vorhanden oder als fingirte zu betrachten seien, hat, soviel ich weiss, bis auf einige hier und da zerstreute beiläufige Bemerkungen, Niemand speciell sich geäussert. Welcker (Philostr. a. a. O.) scheint gar nicht zu zweifeln, dass Lucian

---

[1]) Nicht „Hause," wie Wieland richtig bemerkt; οἶκος ist hier in der Bedeutung „Prachtsaal" gebraucht, lat. *oecus* (Vitr. VI, 10; Plin.), wesshalb auch der lat. Titel *De domo* falsch ist.

wirklich vorhandene Gemälde beschrieb — sonst könnte er ja auch Wielands Vermuthung nicht beistimmen — (obgleich er in der Hall. Allgem. Literaturz. a. a. O. sowohl das Haus, wie die Gemälde, „eine reine Fiction" nennt), und auch im Müller'schen Handbuch sind dieselben immer citirt, während Ruhl in der Arch. Ztg. f. 1860 S. 93 sie fingirt nennt. Auch diese Frage dürfte kaum mit Sicherheit zu entscheiden sein. Freilich steht es fest, dass es zu jener Zeit bereits Mode geworden war, nicht vorhandene Kunstwerke zu beschreiben und daran Proben seines glänzenden Stils abzulegen, so gut, wie an jedem beliebigen andern Stoffe. Es ist daher natürlich, dass wir etwas misstrauisch an diese Beschreibungen herantreten; aber ich glaube, dieses Misstrauen ist keineswegs gerechtfertigt. Man setzt doch voraus, dass eine nur des prunkreichen Stiles wegen verfertigte Beschreibung eines fingirten Kunstwerkes auch wirklich die glänzenden Zuthaten rhetorischen Wörterpomps aufweist, wie wir ihn bei den Philostraten finden; aber das ist hier durchaus nicht der Fall. Die Beschreibungen sind kurz, dürftig, trocken; nur hier und da begegnet uns etwas, was uns an den Rhetor erinnert. Solche rhetorische Ingredienzien, wie sie die Philostrate in Masse aufweisen, sind selten; ich führe an, dass der Mythus zuweilen, so bekannt er auch ist, exponirt wird[1]), c. 22: Ἀργολικῷ μύθῳ ἀναμέμικται πάθος Αἰθιοπικόν .... πάρεργον τοῦτο τῆς ἐπὶ Γοργόνας πτήσεως. c. 23: Πυλάδης τε ὁ Φωκεὺς καὶ Ὀρέστης δοκῶν ἤδη τεθνάναι παρελθόντε τὰ βασίλεια καὶ λαθόντε ... c. 25: ὁ Περσεὺς τὰ πρὸ τοῦ κήτους ἐκεῖνα. τολμῶν. Ferner fügt Lucian bisweilen zu der Beschreibung hinzu, was dem dargestellten Moment folgen wird: ein rhetorischer Unfug, der bekanntlich bei den Philostraten, die das sehr lieben[2]), mit einen Hauptverdachtgrund abgab, um die wirkliche Existenz ihrer Bilder anzufechten; aber das geschieht bei Lucian nicht oft und auch dann nur in der Weise, dass man nicht in Zweifel gerathen kann, ob das Erzählte nicht am Ende auch mit dargestellt gewesen sei, wie das die weitläufigen Excurse der Philostrate meistens vermuthen lassen. So c. 22: καὶ μετὰ μικρὸν γαμήσει καὶ ἄπεισιν αὐτὴν ἄγων[3]). c. 27: κἀκ τῆς διώξεως Ἐριχθόνιος γίγνεται. (Letzteres kann übrigens ganz gut auch dargestellt gewesen sein, da bekanntlich der Sage nach die Geburt des Erichthonius mit der Verfolgung der Athene durch Hephaestus so ziemlich gleichzeitig ist). Ausserdem ist noch mancher andere Zug in den Beschreibungen, der uns den Rhetor verräth, so z. B. dass c. 23 der Mord des Aegisthus δικαιότατον δρᾶμα genannt wird.

---

[1]) Die Philostrate thun dasselbe, aber viel ausführlicher und häufiger; vgl. Brunn, Philostr. Gem. S. 240.
[2]) Vgl. Brunn a. a. O. S. 246 fg.
[3]) Vgl. Philostr. sen. imagg. I, 29 extr.: (ὁ Περσεὺς) πολλὰ καὶ παρὰ τῆς κόρης ἄρνυται.

Wenn wir die uns erhaltenen acht Beschreibungen mit den vortrefflichen und schon mehrfach oben gerühmten Schilderungen der Gemälde des Zeuxis und Aëtion vergleichen, so kann uns der bedeutende Unterschied zwischen ihnen nicht entgehen. So in sich vollendet und meisterhaft letztere, so plump und unbeholfen sind jene; es ist fast nicht anders möglich, als die Schrift einer frühen Epoche Lucians zuzuschreiben; freilich dürfen wir dann nicht, wie Sommerbrodt, den „Herodotos" und „Zeuxis" derselben ersten Periode zutheilen. Aber so weit diese Beschreibungen von jenen beiden andern entfernt sind, so fern stehen sie auch den Philostratischen: sie sind nicht so ermüdend lang, entbehren des müssigen und prunkenden Wortschwalles, enthalten keine Widersprüche. Nur selten unterhält der Beschreibende den Zuhörer von der Absicht, die der Maler mit Dem oder Jenem gehabt haben mag, oder macht ihn darauf aufmerksam, wie schön der Künstler Dies und Jenes gemalt habe; so z. B. c. 22: ἐν βραχεῖ δὲ πολλὰ ὁ τεχνίτης ἐμιμήσατο, αἰδῶ παρθένου καὶ φόβον; c. 23: σεμνὸν δέ τι ὁ γραφεὺς ἐπενόησε τὸ μὲν ἀσεβὲς τῆς ἐπιχειρήσεως δείξας μόνον καὶ ὡς ἤδη πεπραγμένον παραδραμὼν, ἐμβραδύνοντας δὲ τοὺς νεανίσκους ἐργασάμενος τῷ τοῦ μοίχου φόνῳ. Auch dies ist bei den Philostraten häufig und macht ihre Beschreibungen ungeniessbar. Keine einzige Beschreibung ist unter den acht, welche ein den hergebrachten Regeln der griechischen Kunst widersprechendes Bild oder eines, das die innere Unmöglichkeit einer Reconstruction enthielte, beschriebe. Gerade die Fehler der Philostrate, durch welche Friederichs zu der Ansicht geführt wurde, dass Jene erdichtete Gemälde beschrieben, fehlen hier gänzlich: weder ist eine Handlung in mehrere zerrissen, noch sind Handlungen, die durch Zeit und Raum getrennt sind, in den Raum eines Bildes hineingezwängt. Alle diese und ähnliche Fehler, die Brunn bei den Philostraten vergebens zu vertheidigen bemüht ist, finden sich hier nicht, im Gegentheil, wenn wir nun daran gehen, die einzelnen Beschreibungen zu durchmustern, so werden wir finden, dass keine einzige darunter ist, die nicht ein ganz gut malbares Bild uns vor die Augen führte, dass mehrere sogar auf Originalgemälde berühmter Maler zurückzugehen scheinen. Einige stimmen mit noch erhaltenen Denkmälern in auffallender Weise überein, was um so mehr für die wirkliche Existenz jener beschriebenen Gemälde spricht, als gerade das manche der Philostratischen Gemälde verdächtig macht, dass sie so gänzlich und in so seltsamer Weise von den uns erhaltenen Kunstwerken abweichen.

Welcker (Philostr. praef. p. LXV) hat die Ansicht ausgesprochen, dass die Gemälde „in eine Wand eingelassen" (uni parieti insertae) gewesen seien. Er hielt sie also für Tafelgemälde, und dass er das aus c. 23, wo das sechste Gemälde παλαιά τις γραφή genannt wird, schloss, hat Raoul-Rochette (Peint. ant. inéd. p. 44 not. 5) mit Recht erkannt, wie Welcker späterhin selbst erklärte (Allgem. Litteraturztg. a. a. O.). Welcker führt noch einige andere Gründe an, wesshalb diese Bilder nicht für Wandgemälde gehalten werden könnten; besonders wichtig ist der eine, „dass Lucian c. 14 den Saal „„mit Malerei und Gold geschmückt"" nennt und die Wände, als einen Gegenstand kostbarer Verzierungen, etwa in farbigen Marmorplatten, vergoldeten Runden oder in anderm, mit den Bildern abwechselnden Getäfel bestehend, von den Gemälden absondert c. 21: καὶ τοὺς τοίχους ἐθαυμάζετε καὶ τὰς γραφὰς ἐξητάζετε." — Es kann demnach kaum ein Zweifel aufkommen, dass die Bilder in der That Tafelgemälde gewesen sind; Letronne (Lettres d'un antiqu. p. 355 fg.) kämpft vergebens dagegen. Er schreibt c. 24 ἀλλὰ γραφὴ παλαιά für πάλιν und erklärt dies ebenso, wie die παλαιά τις γραφή c. 28, durch: un sujet de peinture tiré des mythes les plus anciens. Welcker hat a. a. O. mit Recht darauf aufmerksam gemacht, dass diese Erklärung dem griechischen Sprachgebrauch direct widerspricht[1]). Wenn Welcker hingegen (Philostr. a. a. O.) die Behauptung aufstellt, die Gemälde seien so geordnet, dass je zwei der Reihe nach sich im Stoff und in der Figurenzahl entsprächen und gleichsam untereinander verbunden wären, so kann ich das nur theilweise billigen: nämlich was die Zahl der Figuren anbelangt, so geht in der That aus den Beschreibungen hervor, dass darin das erste Gemälde dem achten, das zweite dem siebenten, das dritte dem sechsten und das vierte dem fünften entspricht, wenn auch nicht immer genau, so doch ungefähr. Aber im Sujet kann ich keine Uebereinstimmung finden und werde auf diesen Punkt am Ende zurückkommen.

Lucian beginnt die Beschreibung von der rechten Seite zur linken gehend, wie wir das auch sonst bei solchen Beschreibungen finden[2]). Das erste Gemälde stellt Perseus dar, das die Andromeda bedrohende Ungeheuer tödtend: c. 22: ἐπισκοπεῖ (Andromeda) μάχην ἄνωθεν ἐκ τῆς πέτρας καὶ νεανίου τόλμαν ἐρωτικὴν καὶ θηρίου ὄψιν ἀπρόσμαχον · καὶ τὸ μὲν ἔπεισι πεφρικὸς ταῖς ἀκάνθαις καὶ δεδιττόμενον τῷ χάσματι, ὁ Περσεὺς δὲ τῇ λαιᾷ μὲν προδείκνυσι τὴν Γοργόνα, τῇ δεξιᾷ δὲ καθικνεῖται τῷ ξίφει καὶ τὸ μὲν ὅσον τοῦ κήτους εἶδε τὴν Μέδουσαν, ἤδη λίθος ἐστί, τὸ δ' ὅσον ἔμψυχον μένει, τῇ ἅρπῃ κόπτεται[3]). Fast mit denselben Worten ist diese

---

[1]) Vgl. Luc. Toxar. 11: ὑμέτεραι παλαιαὶ γραφαί (ebend. c. 6: γραφαῖς ὑπὸ τῶν παλαιῶν εἰκασμέναι).

[2]) So beginnt z. B. Paus. V, 17, 4 seine Beschreibung der Reliefs der Kypseluslade von der rechten Seite (wie das hervorgeht aus 18, 1 und 19, 1. vgl. Jahn, Arch. Aufs. S. 5; Bergk, Arch. Ztg. f. 1845 S. 153; Overbeck i. d. Abh. d. sächs. Gesellsch. d. Wissensch. f. 1865 S. 589 ffg., der in der Griech. Plast. I, 70 fälschlich die linke Seite angiebt); ferner X, 25, 2 bei der Beschreibung der Gemälde in der delphischen Lesche.

[3]) Die vorausgehenden Worte: ἐν βραχεῖ δὲ πολλὰ ὁ τεχνίτης ἐμιμήσατο, αἰδῶ παρθένου καὶ φόβον hat Wieland in seiner Uebersetzung VI, 346 fälschlich auf die Grösse des Gemäldes bezogen, indem er übersetzt: „in einem kleinen Raum." Es heisst nichts, als was wir bezeichnen durch: „mit wenig Strichen."

That beschrieben Dial. marin. XIV, 3: *καὶ ἐπειδὴ τὸ κῆτος ἐπῄει*
.... *ὑπεραιωρηθεὶς ὁ νεανίσκος πρόκωπον ἔχων τὴν ἄρπην τῇ*
μὲν καθικνεῖται, τῇ δὲ προδεικνὺς τὴν Γοργόνα λίθον ἐποίει
αὐτὸ, τὸ δὲ τέθνηκεν ὁμοῦ καὶ πέπηγεν αὐτοῦ τὰ πολλὰ, ὅσα
εἶδε τὴν Μέδουσαν[1]). Ich werde im nächsten Paragraphen darzuthun
versuchen, dass Lucian in seinen Götter- und Seegesprächen sehr
häufig auf Denkmäler Bezug genommen hat, und die Uebereinstimmung,
die wir hier finden, spricht nicht wenig dafür, dass jener Beschreibung im 14. Seegespräch ein Kunstwerk zu Grunde liegt, wie wir es
in unserm Gemälde vor uns haben, wie sie auf der andern Seite auch
wiederum ein Beweis mehr für die wirkliche Existenz der beschriebenen Bilder ist.

Auch hier, bei der Betrachtung der einzelnen Gemälde, sind es
wieder zwei Fragen, die uns entgegentreten; erstens: kennen wir ein
Gemälde eines alten Meisters, welcher dasselbe Sujet behandelte, und
dürfen wir, falls uns von einem solchen Gemälde etwas Näheres bekannt ist, das von Lucian beschriebene Bild etwa darauf als auf das
Original zurückführen? Und zweitens: existiren unter den uns erhaltenen Denkmälern welche, die dasselbe Sujet behandeln, und worin
stimmen sie mit unsern Bildern überein oder weichen von ihnen ab?
— Was nun das erste Gemälde betrifft, so wissen wir, dass zwei alte
Maler die Befreiung der Andromeda durch Perseus gemalt haben,
Nicias und Euanthes. Das Gemälde des Nicias, von Plin. XXXV,
132 nur kurz erwähnt, nicht beschrieben, hält Brunn für das Original
des beim ältern Philostrat imagg. I, 29 beschriebenen Bildes, etwas
zu kühn, da wir über die Art und Weise, wie Nicias seinen Stoff
behandelte, vollkommen im Ungewissen sind, und die Beschreibung
des Philostrat uns ein in seiner Art einzig dastehendes und fast unge-
schickt zu nennendes Bild vorführt, das mit keinem einzigen von den
uns erhaltenen Denkmälern desselben Sujets auch nur im Allgemeinen
verglichen werden könnte. Das andere Gemälde von Euanthes ist aus
Ach. Tat. III, 6 fg. bekannt[2]), und stellt ganz denselben Moment dar,
den die beiden Lucian-Stellen beschreiben, und das so auffallend
ähnlich, dass alle drei Beschreibungen fast mit Sicherheit auf ein und
dasselbe Original zurückzuführen sind. Man vergleiche namentlich:
μεταξὺ δὲ τοῦ κήτους καὶ τῆς κόρης ὁ Περσεὺς ἐγέγραπτο κατα-
βαίνων ἐκ τῆς ἀέρος · καταβαίνει δ᾽ ἐπὶ τὸ θηρίον γυμνὸς τὸ πᾶν
.... *τῇ λαιᾷ τὴν τῆς Γοργοῦς κεφαλὴν κρατεῖ καὶ προβέβληται*

---

[1]) Vgl. Tzetz. z. Lykophr. v. 836: *δείκνυσι τὴν κεφαλὴν τῆς Γοργόνος τῷ*
κήτει καὶ ἅμα ἑλκύσας τὸ λογχοδρέπανον ὃ μὲν μέρος τοῦ κήτους ἐποίησε λίθινον,
ὃ δὲ ἀπέκοψε.

[2]) Welcker (Philostr. praef. p. LXIII) und Brunn (Griech. Künstl. II, 288)
haben dies von Ach. Tat. beschriebene Gemälde für nicht fingirt gehalten, und was
Fedde (De Perseo et Andromeda, Inaug. Diss. Berlin 1860. p. 45 ffg.) gegen die
Echtheit des Bildes vorgebracht hat, erscheint mir nicht überzeugend.

δίκην ἀσπίδος, ὁ δὲ ... ἔφριξε τὰς τρίχας .... ὥπλισται δὲ καὶ τὴν δεξιὰν διφυεῖ σιδήρῳ, εἰς δρέπανον κατὰ ξίφους ἐσχισμένῳ. Die Uebereinstimmung dieses Bildes mit dem Lucianischen und mit der Beschreibung in dem Seegespräche liegt auf der Hand. ، Wenn wir daher auch nicht direct behaupten wollen, dass in jenem von Lucian beschriebenen Saale sich eine genaue Copie jenes Bildes von Euanthes befunden habe, so wird man doch jedenfalls die Vermuthung nicht ablehnen können, dass das De Dom. beschriebene Gemälde ebenso wie das Kunstwerk, welches Lucian in dem Seegespräche im Sinne hatte, das Gemälde des Euanthes zum ursprünglichen Original hatten.

Unter den mir bekannten Denkmälern, welche dasselbe Sujet behandeln, ist nur eins, das fast in jedem Punkte mit unserem Bilde übereinstimmt, ein Terracotta-Relief bei Campana, Opp. in plast. tav. 57 [A]. Auf der rechten Seite erblicken wir Andromeda, nackt· an einen Felsen befestigt; ein wenig von ihr entfernt das Ungeheuer, gegen das Perseus, aus der Luft herabschwebend (*ὑπεραιωρηθείς*, Luc.; *ἐξ ἀέρος*, Ach. Tat.), die Harpe schwingt, während er in der Rechten einen nicht mehr genau zu erkennenden Gegenstand hält, ohne Zweifel das Medusenhaupt. Nur darin weicht das Relief von unserm Bilde ab, dass Perseus nicht *γυμνὸς τὸ πᾶν*, sodann mit einer den linken Arm bedeckenden Chlamys bekleidet erscheint; auch steht er nicht in der Mitte zwischen Andromeda und dem Ungeheuer, wie Ach. Tat. beschreibt, und die Attribute der Hände sind vertauscht. Letzteres mag wohl auf Rechnung des das Gemälde in gebrannter Erde nachbildenden Künstlers zu setzen sein, da es doch natürlicher ist, dass Perseus seine Waffe in der Rechten hält, als in der Linken. Von einer genauen Nachahmung kann ja so wie so nicht die Rede sein; ich führe die noch erhaltenen Denkmäler überhaupt nur an, damit wir uns eine ungefähre Vorstellung aus ihnen bilden können, wie wohl das Gemälde ausgesehen haben mag. — Ausserdem ist zu nennen eine etruscische Graburne bei Gori, Mus. Etrusc. I, 123 (Inghirami, Monum. Etrusc. I, 2, 55) [B] und ein Herculanisches Wandgemälde, Pitt. di Ercol. IV, 61 [C], welche beide denselben Augenblick der That darstellen, aber in verschiedener Weise. In B steht Andromeda in der Mitte, Perseus zur Linken, das Ungeheuer zur Rechten; in C lässt sich eine solche Anordnung überhaupt nicht machen. Auf beiden fliegt Perseus nicht aus der Luft herab, sondern befindet sich bereits auf der Erde und zwar in B auf dem Lande stehend, in C durch die Wellen watend; in beiden aber erscheint er bewaffnet mit dem Medusenhaupt und der Harpe, und zwar hält er in B, wie in A, die Harpe in der Linken, während C darin mit der Beschreibung bei Luc. und Ach. Tat. übereinzustimmen scheint. (Das Gemälde ist ziemlich zerstört und daher lassen sich die Attribute nicht mehr deutlich erkennen). B und C lassen sich also mit unserem Bilde weniger vergleichen, während A in der That von einem Künstler herzurühren scheint, dem bei seiner Arbeit das Gemälde des Euanthes oder eine Nachahmung desselben vorgelegen haben mag. In einem Punkte stimmt aber C mit der Beschreibung bei Luc. und Ach. Tat. überein, nämlich in dem Ungeheuer, das, wie Jene sagen, durch den Anblick der Gorgo schon zum Theil in Stein verwandelt ist; das Ungeheuer auf dem Herculanischen Bilde nämlich hebt den Kopf in die Höhe und heftet seine Augen gläsern auf den Gegner, gleichsam als ob es im selben Augenblick durch den Anblick der Meduse erstarre, wie Fedde, De Perseo etc. p. 57 mit Recht bemerkt[1]).

Das zweite Gemälde stellte den Mord des Aegisthus durch Orestes und Pylades dar, c. 23: *Πυλάδης τε καὶ Ὀρέστης* . . . . *φονεύουσιν ἄμφω τὸν Αἴγισθον· ἡ δὲ Κλυταιμνήστρα ἤδη ἀνήρηται καὶ ἐπ᾽ εὐνῆς τινος ἡμίγυμνος πρόκειται καὶ θεραπεία πᾶσα ἐκπεπληγμένοι τὸ ἔργον οἱ μὲν ὥσπερ βοῶσιν, οἱ δέ τινες ὅπη φυγῶσι, περιβλέπουσιν.* — Bekannt ist, dass Polygnot den Mord des Aegisth in der Pinakothek der Propyläen gemalt hat; doch da war Pylades dargestellt, wie er die Söhne des Nauplios in die Flucht schlägt, also ein ganz anderes Motiv, wie wir denn auch ohne dieso Nachricht bei Paus. I, 22, 6 voraussetzen könnten, dass das Gemälde des Polygnot einen ganz andern Character trug. Sodann malte Theorus nach Plin. XXXV, 144 *ab Oreste matrem et Aegisthum interfici*, Worte, die der Lucianischen Beschreibung widersprechen, obgleich Plinius in seiner nicht ungewöhnlichen Nachlässigkeit es übersehen haben kann, dass der Maler die Klystaemnestra vielleicht als schon getödtet dargestellt hatte, da doch Orestes unmöglich Beide zu gleicher Zeit tödten kann; auch die Person des Pylades, der in den Dramen, wie auf den Denkmälern bei der That zugegen zu sein pflegt, mag er der Kürze halber nicht genannt haben. Doch ist die Beschreibung bei Plinius zu dürftig, als dass wir uns über das Gemälde des Theorus einen Schluss erlauben dürften. Nicht mehr ist es, was wir von dem bei Plut. de aud. poet. c. III, p. 18 A erwähnten und denselben Gegenstand behandelnden Bilde des Theon wissen[2]). Endlich erfahren wir aus Plin. XXXV, 136, dass auch Timomachus einen Orestes gemalt habe, ohne Zweifel ein Pendant zu seinem andern ebend. genannten

---

[1]) Mit B lässt sich eine im Ganzen ähnliche etruscische Graburne vergleichen, bei Gori, Mus. Etr. III, 3, 1 (Inghirami, Mon. Etrusc. I, 2, 66), nur dass da der vorhergehende Moment, wo Perseus noch nicht zum Kampf bereit ist, dargestellt ist.

[2]) Wohl mit Unrecht hält Brunn, Griech. Künstl. II, 252, u. A. dies Bild für dasselbe, wie das, welches Plin. XXXV, 144 unter den Werken des Theon als *Orestis insania* aufführt. Könnte auch der Muttermord als Wahnsinn bezeichnet werden, so gebt das doch bei Orestes, bei dem der eigentliche Wahnsinn erst nach der That ausbrach, unmöglich an. Ich halte sie für zwei verschiedene Gemälde, vermuthlich Pendants: „Orestes den Aegisth ermordend" und „Orestes von den Furien verfolgt." — Ebensowenig kann ich Brunns Ansicht (a. a. O. 255), dass Theon und Theorus eine und dieselbe Persönlichkeit seien und der Name Theorus nur irrthümlich entstanden sei, annehmbar finden.

Gemälde „Iphigenie auf Tauris." Welchen Moment aber aus der Geschichte des Orestes Timomachus gemalt habe, ist nicht ersichtlich.

Es ist auffallend, dass dies Sujet, das auf Vasenbildern und Sarcophagreliefs ziemlich häufig gefunden wird, auf Wandgemälden nicht ein einziges Mal vorkömmt. Von den mir bekannten Monumenten sind es vorzüglich zwei, die unserm Bilde ganz nahe kommen, ein Sarcophag-Relief bei Winckelmann, Mon. ined. tav. 184 (Millin, Gal. myth. 165, 619) und ein geschnittener Stein bei Eckhel, Choix des pierr. gr. n. 20 (Millin, G. M. 172 bis, 620). Beide Monumente scheinen auf ein und dasselbe Original zurückzugehen, denn die Gemme, die nur einen Theil der ganzen Handlung darstellt, stimmt darin mit demselben Theile des Reliefs auf das merkwürdigste überein [1]), sodass wir beide Denkmäler vollkommen als eins behandeln können. Sie haben mit dem Gemälde besonders das gemein, dass Orestes und Pylades nach dem Morde der Klytaemnestra sich Beide gegen Aegisth gewandt haben [2]); und darin vor Allem unterscheiden sie sich, dass die Furien auf dem Gemälde fehlen, da es einen etwas früheren Augenblick darstellt, als die Denkmäler; denn auf dem Bilde ist, so viel wir aus den kurzen Worten Lucians schliessen können, der Mord des Aegisth noch nicht vollbracht, während er auf den Monumenten schon getödtet, wie es scheint, und zur Erde geworfen dargestellt ist. Trotzdem aber ist dieser Unterschied zwischen dem Gemälde und den Monumenten nicht so bedeutend, da auf letzteren Orestes im Begriff ist, dem freilich schon todten Aegisth mit seinem Schwerte noch einen Hieb beizubringen, und Pylades in einer Weise dargestellt ist, dass man vermuthen könnte, auch er habe sein Schwert noch einmal gegen den Aegisth gezückt, obgleich meiner Ansicht nach seine Geberde nichts bedeutet, als dass er die blutbefleckte Waffe am Kleide abwischt. — Klytaemnestra liegt halbnackt, wie im Bilde, auf dem Boden ausgestreckt, nicht auf ihrem Lager, wie es bei Lucian heisst; von der fliehenden oder Hülfe rufenden Dienerschaft des Gemäldes bemerken wir aber auf dem Relief nichts, ausser einem Sklaven, der zu Häupten der

---

[1]) Deswegen vermuthete Overbeck, Gal. her. Bildw. S. 700, dass die Gemme nicht antik sei.

[2]) Wenn Millin erklärt, dass Orest die Mutter, Pylades den Aegisth tödte, so hat er entschieden Unrecht. Heeren (Biblioth. d. alt. Litter. u. Kunst III, S. 1 bis 32) und Zoëga (Ztschrft. f. Gesch. u. Ausl. d. alt. K. S. 432 ff.) sagen, „dass Orest in dem Augenblick als er der Mutter den letzten Todesstoss gegeben, schon von der Erinnys ergriffen wird, daher er im Herausziehen des Schwertes schon den Kopf von ihrem grauenvollen Anblick wegwendet;" aber mit Recht spricht Welcker (Ztschrft. etc. a. a. O. not. 107) die Vermuthung aus, dass „Orestes, so sehr wir ihm die Furien schon genaht sehen, nur noch in eigener Furchtbarkeit erscheinen sollte, wo er gegen Beide wüthet, die Mutter, in Ohnmacht gesunken, sich selbst überlässt, um erst gegen Aegisthos mit Pylades zugleich den Streich zu führen, oder wenn die Mutter schon todt sein sollte, auch so die zweite That zu theilen." Das Letztere ist jedenfalls das Richtigere; Klytaemnestra ist offenbar schon getödtet, was sowohl ihre Lage andeutet, als auch der Mythus verlangt.

Königin kauert und von Angst und Schrecken ergriffen scheint, und
der alten Amme der Klytaemnestra, welche die schlafenden Furien
zur Rache aufruft.

Wenn also, wie wir sehen, die Denkmäler von unserem Bilde
in einigen Punkten ziemlich stark abweichen, so kann ich doch nicht
umhin, zu vermuthen, dass sie auf dasselbe Original zurückgehen, wie
das Lucianische Gemälde, zumal das Relief — mag auch die ganze
Darstellung der Symmetrie entbehren und Vieles in der Composition
verfehlt sein — dennoch in einzelnen Theilen eine künstlerische Bildung
verräth, die weit über die Befähigung der handwerksmässigen Verfertiger solcher Sarcophagreliefs hinausgeht [1]).

Das dritte Gemälde stellte einen erotischen Scherz, ἐρωτικήν
τινα παιδιάν, dar, c. 24: ὁ Βράγχος ἐπὶ πέτρας καθεζόμενος
ἀνέχει λαγὼν καὶ προσπαίζει τὸν κύνα, ὁ δὲ πηδησομένῳ ἔοικεν
ἐπ' αὐτὸν ἐς τὸ ὕψος, καὶ Ἀπόλλων παρεστὼς μειδιᾷ, τερπόμε-
νος ἀμφοῖν, καὶ τῷ παιδὶ παίζοντι ,καὶ πειρωμένῳ τῷ κυνί.
Welcker (Philostr. praef. pag. LXV not.) vergleicht dies allerliebste
Bildchen mit einem hübschen Relief, Mus. des ant. I, 79 (Müller-
Wieseler II, 39, 465), wo wir einen Satyr in ganz ähnlicher Weise
mit seinem Panther spielen sehen. Der Satyr hält in der Rechten einen
Hasen hoch empor, und während der Panther danach in die Höhe
springt, hält er ihn mit der linken Hand an der Klaue fest und presst
ihn zugleich zwischen seine Schenkel ein. Dieser Scherz, dass das
springende Thier auf solche Weise zurückgehalten wird, war vielleicht
auch auf unserm Bilde dargestellt, und man könnte eine Andeutung
davon in dem Worte πηδησομένῳ finden, worin ausgedrückt liegt,
dass der Hund aussieht, als ob er springen wollte, Branchus ihn aber
auf die beschriebene Art und Weise daran verhindert.

Das vierte Gemälde stellte die Tödtung der Meduse dar,
c. 25: ἡ Μέδουσα τεμνομένη τὴν κεφαλὴν καὶ Ἀθηνᾶ σκέπουσα
τὸν Περσέα · ὁ δὲ τὴν μὲν τολμᾶν εἴργασται, τὸ δὲ ἔργον οὐχ
ἑώρακέ που, ἀλλ' ἐπὶ τῆς ἀσπίδος τῆς Γοργόνος τὴν εἰκόνα.
Diese Beschreibung stimmt wiederum ganz genau überein mit einer
andern Stelle aus demselben Seegespräch, das wir oben anführten,

---

[1]) Aehnliche Sarcophagreliefs siehe Gal. Giust. II, 130; Clarac 200, 248.
Die andern Monumente mit derselben Darstellung sind zusammengestellt bei Overbeck, Gal. her. Bildw. S. 701 und Rathgeber in der Ersch-Gruber'schen Encyclo-
pädie Vol. III Sect. V. S. 114 ff. Letzterer zählt sieben ganz ähnliche Denkmäler
auf und zieht aus dieser häufigen Wiederholung derselben Darstellung gewiss mit
Recht den Schluss: „Es muss irgend ein berühmtes Werk des Alterthums vorhanden
gewesen sein, wonach alle diese Copieen gefertigt sind." Uebrigens verdient es
Erwähnung, dass die etruscischen Denkmäler fast alle uns den Muttermord selbst
vor die Augen führen, während die Griechen sich scheuen, dies unnatürliche Verbrechen in seiner ganzen Entsetzlichkeit darzustellen (vgl. Rathgeber a. a. O.); um
so mehr muss man dem Plinius rücksichtlich seiner Angabe über das Bild des Theorus misstrauen.

XIV, 2: ἡ Ἀϑηνᾶ τὴν ἀσπίδα προφαίνουσα ἐπὶ τῆς ἀσπίδος ἀπο-
στιλβούσης ὥσπερ ἐπὶ τοῦ κατόπτρου παρέσχετο αὐτῷ τὴν εἰκόνα
τῆς Μεδούσης · εἶτα λαβόμενος τῇ λαιᾷ τῆς κόμης, ἐνορῶν δ' ἐς
τὴν εἰκόνα τῇ δεξιᾷ τὴν ἅρπην ἔχων ἀπέτεμε τὴν κεφαλὴν αὐτῆς [1]).

Da diese Beschreibung noch etwas ausführlicher ist, als die des Bildes,
und wir beide wohl ohne Bedenken auf gleiche, wenigstens sehr ähnliche Kunstwerke zurückführen dürfen, so erhalten wir dadurch noch
einige Details über das Gemälde. — Die Denkmäler stellen die Tödtung
der Meduse ganz ebenso dar. Unserer Beschreibung am nächsten kommt
ein sehr bekanntes Wandgemälde, Mus. Borb. XII, 48 [A] und nächst
diesem die Darstellung einer Münze, Millin, Gal. myth. 105, 386**
[B]. Auf beiden erscheint Perseus in der Mitte, rechts die zur Erde
niedergeworfene Meduse, links Athene, am linken Arme den Schild
tragend, in welchen Perseus blickt und dabei zugleich der Meduse,
die er mit der Linken an den Haaren gepackt hat, das Haupt mit
der Harpe vom Rumpfe trennt. Die beiden Monumente unterscheiden
sich hauptsächlich dadurch von einander, dass auf dem Gemälde
Athene mit Schild und Lanze wie zum Angriff eilend in ziemlich
schnellem Laufe dargestellt ist, Perseus aber sein Knie auf die am
Boden liegende Meduse stützt, während auf der Münze Athene steif
wie eine alterthümliche Statue erscheint und Perseus mit beiden Füssen
fest auf dem Boden steht. Letztere Darstellung macht daher der
andern gegenüber einen entschieden statuarischen Eindruck und mag
wohl auch die Nachahmung irgend einer plastischen Gruppe sein.
Ziemlich verschieden ist dasselbe Sujet behandelt auf einer Gemme,
Millin, Gal. myth. 105, 386*** [C], wo Perseus, wie in A, sein
Knie auf die liegende Meduse stützt, Athene aber, wie es scheint
wegen Mangel an Raum, ausgelassen ist. Man sieht bloss ihren Schild,
der gleichsam in der Luft schwebend ein sehr schlecht ausgeführtes
verkleinertes Bild der Köpfung zeigt. Zur Vergleichung kann man
auch ein Relief bei Gori, Mus. Etrusc. I, 31 [D] und ein Terracotta-
Fragment bei Combe, Terrac. 13 [E] heranziehen; beide sind nur
theilweise erhalten und die Figur des Perseus fehlt auf ihnen. Wir
sehen Athene mit beiden Händen ihren Schild haltend, auf dem ein
verkleinerter Medusenkopf erscheint, während unterhalb ein um Vieles
grösseres Medusenhaupt dargestellt ist. Welches Denkmal unserm Gemälde am nächsten stehen mag, lässt sich kaum mit Sicherheit aus-
machen; wir können nicht entscheiden, ob Athene auf dem Bilde den
Schild mit beiden Händen hielt, wie in D und E, oder ob sie ihn
am linken Arme trug, wie in A und B; ferner, ob Perseus stehend,
wie in B, oder auf der Meduse knieend, wie in A und C dargestellt
war. Doch verdient das Wandgemälde unter den erwähnten Denkmälern

---

[1]) Vgl. Apollod. II, 4, 2: ἐπιστὰς οὖν αὐταῖς ὁ Περσεὺς κοιμωμέναις,
κατευθυνούσης τὴν χεῖρα Ἀϑηνᾶς ἀπεστραμμένος καὶ βλέπων εἰς ἀσπίδα χαλκῆν,
δι' ἧς τὴν εἰκόνα τῆς Γοργόνος ἔβλεπεν, ἐκαρατόμησεν αὐτήν.

unbedenklich den ersten Platz und ist am meisten geeignet, uns von dem Lucianischen Bilde eine Vorstellung zu verschaffen.

Zwischen dem vierten und fünften Bilde befand sich der Thüre gegenüber eine Statue der Athene in einem Tempelchen, c. 26: ἡ θεὸς λίθου λευκοῦ, τὸ σχῆμα οὐ πολεμιστήριον, ἀλλ' οἷον ἂν γένοιτο εἰρήνην ἀγούσης θεοῦ πολεμικῆς. Es war also eine Athene εἰρηνοφόρος (Minerva pacifica)[1]). Eine sonderbare Vermuthung hat G. Hermann, De veter. pict. p. 4 und nach seinem Vorgange Letronne, Lettres d'un antiqu. Not. Zz. p. 480 fg. aufgestellt, dass dies Tempelchen nämlich und die Statue nicht aus Marmor, sondern gemalt gewesen seien. Jenes πάλιν im folgenden Paragraphen, das Letronne, wie er sagt, nicht verstehen kann, verändert er in παλαιά und erklärt es auf die oben angegebene Weise (vgl. S. 57). Aber gerade dies πάλιν widerlegt seine Ansicht vollständig, denn es ist folgendermassen zu erklären: c. 25 wird eine gemalte Athene beschrieben, die den Perseus beschützt; c. 26 folgt eine marmorne Athene eirenophoros; und c. 27 wird dann wieder eine andere Athene beschrieben, „aber diese nicht von Marmor, sondern wiederum gemalt": οὐ λίθος αὕτη γε, ἀλλὰ γραφὴ πάλιν. Die Stelle ist vollkommen klar und deutlich und kann wohl kaum missverstanden werden.

Es folgt das fünfte Gemälde, das die Verfolgung der Athene durch Hephaestos darstellt, c. 27: ἄλλη Ἀθηνᾶ . . . . Ἥφαιστος αὐτὴν διώκει ἐρῶν, ἡ δὲ φεύγει, κἀκ τῆς διώξεως Ἐριχθόνιος γίγνεται. (S. oben S. 55). Nach Paus. III, 18, 7: Ἀθηνᾶ διώκοντα ἀποφεύγουσά ἐστιν Ἥφαιστον, war dasselbe Sujet am amyklaeischen Throne dargestellt (vgl. Heyne, Antiqu. Aufs. I, 42 ff.), vermuthlich in einem den schwarzfigurigen Vasengemälden nicht unähnlichen Stile. Unter den auf die Liebe des Hephaestos zur Athena bezüglichen Monumenten liesse sich höchstens eins hier zur Vergleichung herbeiziehen, das Fragment eines bemalten Thongefässes bei Bröndstedt, Voy. en Grèce II, 299 pl. 62 (jetzt aus der Sammlung Pourtalés in's Berliner Museum übergegangen). Das Gemälde zeigt auf schwarzem Grunde mit rothen Figuren eine mit der Aegis bewaffnete Athene erhabenen Stils, die im Vorwärtsschreiten sich zurückwendet und den Arm abwehrend ausstreckt, darüber stehen die Buchstaben ΑΘΗΝΑΙΑ· ΗΦΑ . . . . ., welche Bröndstedt zu Ἀθηναῖα Ἥφαιστον ἀμύνει ergänzt hat, ob mit Recht, bleibt dahingestellt[2]).

Das sechste Gemälde behandelt ein Sujet, dem wir bis jetzt auf keinem der uns erhaltenen Denkmäler begegnet sind; c. 28 fg.:

---

[1]) Wielands Vermuthung (Uebers. VI, 349), dass Lucian mit dieser Statue „auf den langen Frieden, dessen die Welt unter der Regierung Hadrians und der Antonine genoss, habe anspielen wollen," entbehrt jedes Anhalts.

[2]) Panofka's Ansicht über diese Darstellung (Ann. d. Inst. I, 492) ist nicht haltbar. Vgl. den Versuch einer Ergänzung des Gemäldes bei Bröndstedt a. a. O.

Ὠρίων φέρει τὸν Κηδαλίωνα τυφλὸς ὤν, ὁ δ'αὐτῷ σημαίνει τὴν πρὸς τὸ φῶς ὁδὸν ἐποχούμενος, καὶ ὁ Ἥλιος φανεὶς ἰᾶται τὴν πήρωσιν καὶ ὁ Ἥφαιστος Λημνόθεν ἐπισκοπεῖ τὸ ἔργον [1]). Dies Gemälde darf, wie Welcker (Philostr. a. a. O.) richtig bemerkt hat, nicht in zwei getrennt werden; das würde sowohl die Ordnung der Gemälde stören, als auch den Worten Lucians widersprechen, der jedesmal die Beschreibung eines neuen Bildes deutlich zu bezeichnen pflegt. Die Worte: τυφλὸς ὤν und ἰᾶται enthalten keinen Widerspruch; sie sollen nicht verschiedene Augenblicke, sondern einen und denselben Moment bezeichnen, in welchem zwei Zustände zusammenfliessen, — den Augenblick nämlich, wo der Blinde geheilt wird, wo er also weder geradezu blind, noch auch geheilt genannt werden kann [2]).

Das siebente Gemälde, das eine grössere Zahl von Figuren enthält, stellt den erheuchelten Wahnsinn des Odysseus dar; c. 30: Ὀδυσσεύς.... μεμηνὼς, ὅτι συστρατεύει τοῖς Ἀτρείδαις μὴ θέλων· πάρεισι δὲ οἱ πρέσβεις ἤδη καλοῦντες καὶ τὰ μὲν τῆς ὑποκρίσεως πιθανὰ πάντα, ἡ ἀπήνη, τὸ τῶν ὑπεξευγμένων ἀσύμφωνον, ἄγνοια τῶν δρωμένων· ἐλέγχεται δὲ ὅμως τῷ βρέφει· Παλαμήδης γὰρ ὁ τοῦ Ναυπλίου συνεὶς τὸ γιγνόμενον, ἁρπάσας τὸν Τηλέμαχον ἀπειλεῖ φονεύειν πρόκωπον ἔχων τὸ ξίφος καὶ πρὸς τὴν τῆς μανίας ὑπόκρισιν ὀργὴν καὶ οὗτος ἀνθυποκρίνεται. ὁ δὲ Ὀδυσσεὺς πρὸς τὸν φόβον τοῦτον σωφρονεῖ καὶ πατὴρ γίγνεται καὶ λύει τὴν ὑπόκρισιν. Wie das vorhergehende Gemälde zwei aufeinanderfolgende Momente in einen zusammengezogen darstellte, so auch dies, da von Odysseus, der zuerst μεμηνώς genannt wird, am Schluss gesagt wird, er gebe seine Verstellung auf. Der Künstler hatte also den Augenblick zu seiner Darstellung gewählt, wo Odysseus seinem Vatergefühle nachgebend von seinem erheuchelten Wahnsinn zur Vernunft zurückkehrt, eine nicht verächtliche Aufgabe für einen Künstler, der so widerstreitende Empfindungen auf dem Gesicht des Odysseus zum Ausdruck zu bringen suchte.

Zwei berühmte Maler des Alterthums haben denselben Stoff in ihren Gemälden behandelt, Euphranor und Parrhasius. Vom Euphranor erzählt Plin. XXXV, 129: *nobilis ejus tabula Ephesi est, Ulixes simulata insania bovem cum equo jungens et palliati cogitantes,*

---

[1]) Ueber die Fabel selbst vgl. Eratosth. 34; Serv. ad Aen. X, 763; Apoll. I, 4, 3, wo Heyne die übrigen Stellen gesammelt hat.

[2]) O. Müller im Rhein. Mus. f. 1833, 2, 20 (Kl. Schr. III, 127) vergleicht mit diesem Bilde ein noch nicht genügend erklärtes Vasenbild (Millin et Maisonneuve, Peint. de vas. ant. I, 20), auf dem wir einen Satyr sehen, der einen fackelhaltenden Knaben auf seinen Schultern trägt; er meint, dies Bild „könnte vielleicht durch die Einführung des Orion in die Umgebung der Satyrn erklärt werden, wodurch Orion selbst einen satyrhaften Character annahm." (?)

dux gladium condens [1]). Dass Parrhasius „den erheuchelten Wahnsinn des Odysseus," τὴν Ὀδυσσέως προσποίητον μανίαν, gemalt habe, berichtet Plut. de aud. poet. c. III, p. 18 A [2]). Die Beschreibung des Bildes des Euphranor ist unserm Gemälde so ähnlich, dass letzteres ohne Zweifel auf jenes als Original zurückgeht, wie schon Bergk (Ann. d. Inst. 1846 p. 303) vermuthet hat, dem Stark (Arch. Stud. S. 97) und Brunn (Griech. Künstl. II, 184) sich anschliessen. Wir haben in beiden Beschreibungen τὸ τῶν ὑπεζευγμένων ἀσύμφωνον und *bovem cum equo jungens* [3]); ferner die *palliati cogitantes*, welche identisch sind mit den πρέσβεις ἤδη καλοῦντες [4]). Der *dux gladium condens* bei Plinius ist kein Anderer, als Palamedes, der nur nicht, wie Plinius glaubte, sein Schwert einsteckt, sondern im Gegentheil es zieht. — Leider ist unter den uns erhaltenen Denkmälern kein einziges bis jetzt gefunden worden, welches diese Scene aus dem Leben des Odysseus darstellte. Th. Panofka glaubte sie auf einer Gemme zu finden (Ann. d. Inst. 1835 p. 249; vgl. Tav. d'agg. H, 4. Overbeck, Gal. her. Bildw. XIII, 4), auf der wir einen Mann erblicken, der hinter einem mit zwei Ochsen bespannten Pfluge stehend seine Arme mit erstaunter Geberde erhebt; vor den Zugthieren liegt ein Mensch, anscheinend ein Kind, auf dem Boden, hinter den Rindern erscheint, dem Pflügenden zugekehrt, ein bewaffneter Mann. Panofka glaubte hier die andere Version des Mythus zu finden, nach welcher Palamedes den Wahnsinn des Odysseus dadurch brach, dass er den kleinen Telemach vor die Pflugschaar legte; aber mit Recht hat Bergk (Ann. d. Inst. 1846 p. 303) die Darstellung dieser Gemme auf den die Gesetze lehrenden Tages gedeutet, da das im Mythus bedeutsame Moment, die Ungleichheit der Zugthiere, fehlt.

---

[1]) O. Jahn's Vermuthung (Palamedes p. 4), für *palliati cogitantes* zu schreiben *Palamedes*, kann ich nicht für glücklich halten, obgleich der Cod. Paris. 6801 sec. XV so schreibt; seine Lesart scheint mehr auf einer Conjectur des Abschreibers, als auf einer bessern Hdschr. zu beruhen.

[2]) Ist dies Gemälde des Parrhasius am Ende dasselbe, das Plinius a. a. O. beschreibt und ein Werk des Euphranor nennt? Plinius spricht an jener Stelle vom Theseus des Euphranor und dem des Parrhasius, und streng grammatisch müssten die Worte *nobilis ejus tabula* etc. sogar auf letzteren bezogen werden. Wie leicht konnte es aber geschehen, dass Plinius diese Worte zum Behuf einer zweiten Recension sich zu dem Namen Parrhasius an den Rand schrieb, um dies vergessene Gemälde später unter die Werke des Parrhasius einzureihen. So kam die Bemerkung dann durch irgend einen Abschreiber in den Text und musste da natürlich auf den Euphranor, von dem daselbst hauptsächlich die Rede ist, bezogen werden. Dass Randglossen beim Plinius mehrfach den Text corrumpirt haben, ist ja bekannt.

[3]) Vgl. Serv. zu Virg. Aen. II, 81: *junctis dissimilis naturae animalibus*; Hyg. fab. 95. Tzetz. z. Lycophr. 384. Anders derselbe Tzetz. z. Lycoph. 818: ζεύξας ὄνον καὶ βοῦν.

[4]) Es wäre ein Leichtes, durch Veränderung von *cogitantes* in *rogitantes* (sc. ut veniat) die Beschreibung des Plinius mit der des Lucian in völligen Einklang zu bringen; doch halte ich eine solche völlige Uebereinstimmung für durchaus nicht geboten.

Das achte und letzte Gemälde hat die bei den Künstlern eben so sehr wie bei den Dichtern beliebte Darstellung der Medea vor dem Morde ihrer Kinder zum Gegenstand, c. 31: *ἡ Μήδεια* .... *τῷ ζήλῳ διακαὴς, τὼ παῖδε ὑποβλέπουσα καί τι δεινὸν ἐννοοῦσα· ἔχει γοῦν ἤδη τὸ ξίφος, τὼ δ᾽ἀθλίω καθῆσθον γελῶντε, μηδὲν τῶν μελλόντων εἰδότε, καὶ ταῦτα ὁρῶντε τὸ ξίφος ἐν τοῖν χεροῖν.* — Ausser der bei Plin. XXXV, 137 erwähnten Medea des Aristolaus kennen wir nur noch ein antikes und zwar ein im Alterthum sehr berühmtes Gemälde, welches denselben Gegenstand darstellte, die Medea des Timomachus, deren die Schriftsteller sehr häufig Erwähnung thun (vgl. Plin. VII, 126; XXXV, 26; 136; 145; Cic. Verr. IV, 60, 135; Ov. Trist. II, 325; Plut. de aud. poet. p. 18 A), und die mehrere Epigramme preisen (Anall. II, 174 n. 20; II, 223 n. 42; II, 499 n. 29; III, 213 n. 299—301; Auson. 129 ff.). Ohne Zweifel beziehen sieh auf sie auch jene bekannten Worte des Lucil. Aetna v. 594, obgleich Welcker (Kl. Schr. III, 455) es bezweifelt; vgl. Brunn Künstl. Gesch. II, 278 Anm. 4. Es würde zu weit führen, wenn ich hier die sehr schwierige Frage noch einmal erörtern wollte, ob auf dem Gemälde des Timomachus auch die Kinder zugleich mit der Mutter oder ob Medea allein dargestellt gewesen sei; ich verweise auf den citirten Aufsatz von Welcker und füge nur hinzu, dass ich Welckers Ansicht, die auch Panofka (Ann. d. Inst. 1829 p. 244 ff.) vertheidigt hat, Medea sei allein gemalt gewesen, wie auf dem pompejanischen Wandgemälde Mus. Borb. X, 21, nicht theilen kann, sondern, wie auch Brunn a. a. O., einen Zusammenhang zwischen unserm Bilde und dem des Timomachus vermuthe. Im Uebrigen stimme ich der Auseinandersetzung von Friederichs (Philostr. Bild. S. 17 ffg., Anm.) vollkommen bei.

Wenn wir also annehmen, dass auf dem Bilde des Timomachus auch die Kinder mit dargestellt waren (— der Pädagoge, den das bekannte pompejanische Wandgemälde Mus. Borb. V, 33 zeigt, mag immerhin gefehlt haben —), dann ist die Aehnlichkeit zwischen diesem Gemälde und unserer Beschreibung nicht abzulehnen. Von den Kindern heisst es zwar bei Lucian nur, dass sie lächelnd und sorglos dargestellt waren, aber das hindert ja nicht, dass sie auch auf unserm Bilde mit Astragalen spielend, wie in dem oben genannten Wandgemälde, oder mit dem Balle beschäftigt, wie auf einem Sarcophagrelief (Millin, Gal. myth. 108, 426) dargestellt waren. Spielend erblicken wir die Kinder auch auf einer antiken Paste, welche Panofka a. a. O. Anm. 7 erwähnt; vgl. Lucil. Aetna 594: *sub truce nunc parvi ludentes Colchide natae.* Die Figur der Medea selbst stimmt nach der Lucianischen Beschreibung mit den meisten Darstellungen der Medea genau überein, mit Ausnahme der Statue von Arles (Millin G. M. 102, 427): vgl. Mus. Borb. V, 33, die von diesem mehr oder minder verschiedenen Wandgemälde, Mus. Borb. VIII, 22; X, 21; und die von Panofka a. a. O. und Mus. Barthold. p. 174 angeführten Gemmen. Die Denkmäler, wo Medea das Schwert in beiden Händen hält, kommen vermuthlich unserm Bilde, vielleicht auch dem Gemälde des Timomachus, am nächsten.

Wenn wir nun schliesslich einen Rückblick auf die acht in jenem Saale befindlichen Gemälde werfen, so sehen wir, dass wir mehrere Copieen nach Originalen berühmter Meister darunter gefunden haben: das erste konnte auf den Euanthes, das siebente auf den Euphranor, das achte auf Timomachus mit grösserer oder geringerer Wahrscheinlichkeit zurückgeführt werden; auch beim zweiten lag die Vermuthung nahe, dass es auf ein berühmtes Gemälde zurückgehe, und es ist daher nicht ungerechtfertigt, auch bei den übrigen Bildern anzunehmen, dass es Copieen nach älteren Meisterwerken sind. Dass es nicht die Originale selbst, sondern nur Copieen waren (mit Ausnahme des sechsten Bildes, das, weil es παλαιὰ γραφή genannt wird, ein Originalgemälde eines ältern Künstlers gewesen zu sein scheint), ist wohl kaum zu bezweifeln und folgt schon daraus, dass die Uebereinstimmung der bei Lucian beschriebenen Bilder mit den uns erhaltenen Schilderungen der Originalgemälde keineswegs ganz consequent ist. Auch hätte Lucian dann gewiss die Namen der Maler genannt, da es ja den Ruhm des Herren jener Bildergallerie nur vermehren musste, Originale so berühmter Meister zu besitzen.

Was ich bereits oben nach Welcker bemerkt habe, dass die einzelnen Gemälde sich entsprechen, sehen wir nun, wo wir einen Theil davon uns durch noch vorhandene Kunstwerke vergegenwärtigen können, noch deutlicher. Doch entsprechen sie sich, wie schon gesagt, mehr in Rücksicht auf die Grösse des Bildes und die Figurenzahl, als auf das Sujet, obgleich Welcker auch Letzteres behauptet; es dürfte ziemlich schwer sein, einen solchen inneren Zusammenhang der Bilder aufzufinden. Theilweise geht es wohl an: wenn wir von der Mitte ausgehen, so haben wir da die drei Darstellungen der Athene; die Statue zeigt uns eine friedliche, das vierte Bild eine bewaffnete Athene, die einem Heroen im Kampfe beisteht, das fünfte die vom Hephaestos geliebte Göttin; jede Darstellung zeigt uns also die Göttin von einer andern Seite. Im dritten und sechsten Bilde finden wir den Apollo, in jenem als Liebhaber eines schönen Knaben, in diesem als Krankheit heilenden Gott — wenn wir ihn mit Helios identificiren wollen. Wenn es bei diesen vier Bildern schon ziemlich schwer ist, einen Zusammenhang zu entdecken, wird es bei den folgenden geradezu unmöglich; gerade die Gemälde, wo man eine Beziehung vermuthen sollte, Perseus im Kampf mit der Meduse und sein Abenteuer mit Andromeda, haben keine correspondirende Aufstellung. Daher ist meiner Ansicht nach von einem innern Zusammenhang der Bilder ganz abzusehen.

§ 2.

Ueber die Götter- und Seegespräche.

Obgleich schon hier und da von Archaeologen bei verschiedenen Gelegenheiten darauf aufmerksam gemacht worden ist, dass Lucian an dieser oder jener Stelle seiner Götter- und Seegespräche Denkmäler im Auge gehabt haben möge, so ist das doch bisher immer nur beiläufig geschehen, ohne dass Jemand, soviel mir bekannt ist, dieser Thatsache nachforschend direct die Ansicht ausgesprochen hätte, dass Lucian nicht bloss hin und wieder, sondern in einem sehr grossen Theile dieser Gespräche, besonders aber da, wo er irgend eine Situation oder mythologische Handlung ausführlicher beschreibt, ganz offenbar auf Denkmäler Bezug nimmt und nach ihnen seine Beschreibung anlegt. Ich will in der folgenden Ausführung versuchen, dies durch Zusammenstellung der wichtigsten Stellen darzuthun, indem ich die uns erhaltenen Monumente, durch welche ich meine Ansicht stütze, anführe und zugleich die Meinung, Lucian könne ja auch nach Dichterstellen seine Beschreibung gefertigt haben, zurückzuweisen mich bemühe.

Dial. Deor. IV, 3. *ΓΑΝΥΜΗΔΗΣ. ἦν δὲ παίζειν ἐπιθυμήσω, τίς συμπαίζεταί μοι; ἐν γὰρ τῇ Ἴδῃ πολλοὶ ἡλικιῶται ἦμεν. ΖΕΥΣ. Ἔχεις κἀνταῦθα τὸν συμπαιζόμενόν σοι τουτονὶ τὸν Ἔρωτα καὶ ἀστραγάλους μάλα πολλούς.* Wer erinnerte sich bei dieser Stelle nicht jener reizenden Statue des Berliner Museums, (Gerhard, Berl. ant. Bildw. S. 81 Nr. 120), welche Levezow publicirt und erklärt hat in Böttigers Amalthea I, S. 175 ffg. Taf. 5 [1]). Sie stellt einen kleinen Knaben oder ungeflügelten Eros vor, der, kindliche Freude im schelmischen Antlitz, eben vom Boden aufgesprungen zu sein scheint, indem er dabei mehrere Astragalen mit der linken Hand an sein Brüstchen drückt. Die Erklärung dieser Statue bietet uns eine Stelle des Apollonius Rhodius, wo Eros und Ganymed mit Astragalen spielend beschrieben werden; Argon. III, 116 ff.:

> *ἀμφ' ἀστραγάλοισι δὲ τώγε*
> *χρυσείοις, ἅτε κοῦροι ὁμήθεες, ἑψιόωντο.*
> *καὶ ῥ' ὃ μὲν ἤδη πάμπαν ἐνίπλεον ᾧ ὑπο μαζῷ*
> *μάργος Ἔρως λαιῆς ὑποΐσχανε χειρὸς ἀγοστόν,*
> *ὀρθὸς ἐφεστηώς· γλυκερὸν δέ οἱ ἀμφι παρειὰς*
> *χροιῇ θάλλεν ἐρευθος· ὃ δ' ἐγγύθεν ὀκλαδὸν ἧστο*
> *σῖγα κατηφιόων· δοιὼ δ' ἔχεν, ἄλλον ἔτ' αὕτως*
> *ἄλλῳ ἐπιπροΐεὶς· κεχόλωτο δὲ καγχαλόωντι.*

Die Beschreibung des Apollonius entspricht also genau unserer Statue und es scheint mit ziemlicher Sicherheit daraus zu folgen, dass

---

[1]) Eine ganz ähnliche befindet sich bei Clarac 884, 2255; eine dritte im Museo Chiaramonti. (Die Berliner auch bei Müller-Wieseler II, 61, 649).

wenn auch nicht gerade diese Statue selbst, so doch das ursprüng-
liche Original derselben aus einer Gruppe, die Eros und Ganymed
knöchelspielend darstellte, entnommen war; und solche Gruppen existiren
noch heut, obgleich sie bis jetzt noch nicht edirt sind; Winckelmann
Mon. ined. p. 41 erwähnt ein solches Werk in der Hope'schen Sammlung, und Levezow a. a. O. bezeugt, dass eine zweite ähnliche Gruppe
im Palazzo Altieri sich befinde oder befunden habe. Auch Philostrat
jun. imagg. 8 beschreibt ein ähnliches Gemälde. So viel Wiederholungen
desselben Werkes legen die Vermuthung nahe, dass irgend ein berühmtes Kunstwerk existirt habe, auf welches die erwähnten Statuen,
sowie das Gemälde des Philostrat als auf ihr Original zurückzuführen
sind [1]). Es ist im höchsten Grade wahrscheinlich, dass dem Alexan-
driner Apollonius ein solches Werk irgend eines alexandrinischen
Künstlers bei seinen Versen vorgeschwebt habe, während Philostrat
hinwiederum bei seinem Gemälde die Beschreibung des Apollonius
Rhodius neben dem Kunstwerke selbst im Auge hatte. Da die hübsche
Erfindung also dem Kopfe eines Künstlers entsprungen zu sein scheint,
nicht dem eines Dichters (ausser bei Ap. Rhod. wird eine derartige
Scene von keinem Dichter erwähnt), so liegt es viel näher, anzunehmen,
dass Lucian an jener Stelle nicht an den Apollonius, sondern an
dessen Original, an die Gruppe selbst, gedacht hat, zumal dieselbe,
wie aus den mehrfachen Wiederholungen der Gruppe und des aus ihr
entnommenen stehenden Eros hervorgeht, im Alterthum in vielen Copieen
existirt haben muss. Und wenn wir das annehmen, dass Lucian,
als er den Zeus jene Worte sagen liess, an die bekannte Gruppe
dachte, so erhält dadurch jene Stelle eine sehr hübsche, witzige
Pointe: denn der gebildete und kunstverständige Leser musste, wenn
er sich beim Lesen jener Worte an die Gruppe von Eros und Ganymed erinnerte, gewiss darüber lächeln, dass Zeus den kleinen, nach

---

[1]) Mit Recht hat Levezow behauptet, dass dies Original nicht das bekannte
Werk des Polyklet, die *pueri astragalizontes* bei Plin. XXXIV, 55, gewesen
sei. Hingegen ist die Vermuthung von Otto Jahn sehr wahrscheinlich, dass das
Polykletische Werk das Motiv jener Gruppe abgegeben habe. Nach der von Jahn
in seinen Vorlesungen gegebenen Auseinandersetzung wählte Polyklet mit Vorliebe
Gegenstände und Situationen, die nicht dem Mythus entnommen waren, sondern
dem Leben, und nur Veranlassung boten, den Körper in mannigfachen Stellungen
günstig zu zeigen (vgl. den *diadumenos*, den *nudus talo incessens*, u. a.),
ohne bestimmte individuelle Veranlassungen und Beziehungen, wie bei den Sieger-
statuen. Diese Aufgaben hatten eine Verwandtschaft mit dem Genre und den
academischen Acten, ohne, soweit wir noch sehen können, eigentlich zu beiden zu
gehören, aber sie haben vielleicht für beide Richtungen einen Impuls abgegeben.
In der alexandrinischen Zeit, wo die genrehafte Tendenz sehr vorwaltete, übertrug
man, wie auch in der Poesie der Olymp genrehaft behandelt wurde, die einfachen
Aufgaben des Polyklet auf mythologisches Gebiet und gewann so einen raffinirten
Effect. — Ebenso hat es den Anschein, dass die in vielen Wiederholungen existirende bekannte Statue des knöchelspielenden Mädchens aus einer ähnlichen Gruppe
herrührt, indem irgend ein späterer Künstler das Werk des Polyklet ins Weibliche
übertrug.

seinen Gespielen begehrenden Ganymedes damit tröstet: „Eros wird mit dir Astragalen spielen, sei nur ruhig!" — aber der arme, bäurisch einfältige Ganymed, der sich dadurch wirklich trösten lässt, ahnt nicht, dass er von dem schlauen Liebesgott überlistet gar bald besiegt und weinend am Boden sitzen und statt des gehofften Vergnügens nur Spott von dem schadenfrohen Sieger ernten wird.

Dial. Deor. V, 2: Hera macht dem Zeus über seine Liebe zum Ganymedes Vorwürfe: σὺ δὲ καὶ τὴν κύλικα οὐκ ἂν ἄλλως λάβοις παρ' αὐτοῦ ἢ φιλήσας πρότερον αὐτὸν ἁπάντων ὁρώντων. So einfach die Erfindung an sich ist, will ich doch nicht unterlassen, hier auf ein bekanntes herculanisches Wandgemälde aufmerksam zu machen, das Winckelmann publicirt hat (Werke von Fernow und Meyer Bd. V, Taf. 7; Ausg. v. Eiselein, Atlas No. 78, vgl. Bd. V, S. 138 u. 449)[1]). Das von Winckelmann sehr hoch gestellte Kunstwerk zeigt uns den auf einem Throne sitzenden lorbeerbekränzten Zeus, wie er den jugendlich schönen Ganymed zu sich heranzieht und, mit der Linken seinen Hinterkopf sanft erfassend, ihn küsst, während die Rechte die Kylix in Empfang nimmt, welche ihm der Knabe eben dargereicht hat. Der überaus lieblich dargestellte Ganymed, dessen Gesicht Winckelmann sehr preist, hält in der gesenkten Rechten eine Oenochoë; die Stellung des Knaben sowohl, wie die ganze Situation zeigen uns deutlich, dass wir hier genau die von Lucian beschriebene Scene vor uns haben.

Dial. Deor. XI, 1. Als Selene sich bei der Aphrodite beklagt, dass Eros so verwegen seine Pfeile auf sie richte, antwortet ihr diese, „da könne sie ihr nicht helfen, denn ihre Drohungen und Strafen richteten bei dem kleinen Schelm nichts aus:" ἤδη δὲ καὶ πληγὰς αὐτῷ ἐνέτεινα ἐς τὰς πυγὰς τῷ σανδαλίῳ. Man erinnert sich hier unwillkürlich an jene von Stackelberg edirte Statuette (Gräber. d. Hell. Taf. LXXI; vgl. Müller-Wieseler II, 26, 285 b), die eine unbekleidete Frau, Aphrodite, dürfen wir wohl mit vollem Rechte sagen, darstellt, die mit drohender Geberde in der erhobenen Rechten eine Sandale hält. Eine ganz ähnliche Statue des Dorpater Museums hat Merklin publicirt[2]), aber eine wunderbare Erklärung von ihr gegeben, die Wieseler (Denkm. d. a. K. II p. 153) mit Recht zurückweist. Wieseler erklärt diese Statuette nach Lucians Worten als eine Aphrodite, die dem Eros mit der Sandale droht; Merklin aber behauptet, Lucian habe an jener Stelle überhaupt kein Kunstwerk im Sinne gehabt, sondern jenen Zug aus eigner Erfindung beigefügt, indem er eine Sitte seiner Zeit (Philops. 28 geschieht ihrer Erwähnung) ironisch auf die Götterwelt übertrug. Daher erklärt er die Statuette für eine Nemesis

---

[1]) Die Echtheit des Bildes wird bezweifelt, da Manche es für ein untergeschobenes Werk von Mengs erklärten; doch haben sich die Meisten (s. die Herausgeber zu Winckelmann) für die Echtheit des Gemäldes ausgesprochen.
[2]) Ludolf Merklin, Aphrodite-Nemesis mit der Sandale, Dorpat. 1854.

und bemüht sich, meiner Ansicht nach vergeblich, zu beweisen, dass die Sandale hier die symbolische Bedeutung von Mass und Ziel habe. Am nächsten liegt es jedenfalls, die Statue auf die oben beschriebene Weise als Aphrodite zu deuten und anzunehmen, dass Lucian jenen Zug eben sowenig selbst erfunden habe, wie das Astragalenspielen zwischen Eros und Ganymed, sondern dass er Beides aus Werken alexandrinischer Künstler. entlehnte.

Dial. Deor. XI, 2. Selene beschreibt den Endymion: *Ἐμοὶ μὲν καὶ πάνυ καλός, ὦ Ἀφροδίτη, δοκεῖ, καὶ μάλιστα, ὅταν ὑποβαλλόμενος ἐπὶ τῆς πέτρας τὴν χλαμύδα, καθεύδῃ τῇ λαιᾷ μὲν ἔχων τὰ ἀκόντια ἤδη ἐκ τῆς χειρός ὑπορρέοντα, ἡ δεξιὰ δὲ περὶ τὴν κεφαλὴν ἐς τὸ ἄνω ἐπικεκλασμένῃ ἐπιπρέπῃ τῷ προσώπῳ περικειμένη .... τότε τοίνυν ἐγὼ ἀψοφητὶ κατιοῦσα ἐπ' ἄκρων τῶν δακτύλων βεβηκυῖα, ὡς ἂν μὴ ἀνεγρόμενος ἐκταραχθείη κτλ.* — Wenn wir diese Beschreibung mit den Denkmälern vergleichen, so kann uns die auffallende Uebereinstimmung beider nicht entgehen, und diese ist so bedeutend, dass wir nur Kunstwerke als das Vorbild Lucians bei dieser Stelle ansehen dürfen; denn wenn sich die Mehrzal der einzelnen Züge in der Beschreibung auch bei den Dichtern wiederfindet, so finden wir doch bei keinem alle so vereint, wie dies in der Beschreibung des Lucian der Fall ist; kein Schriftsteller giebt uns eine so ausführliche Schilderung des schlafenden Endymion, wie wir sie hier, entsprechend den Monumenten, finden [1]). Wenn wir die einzelnen Momente der Beschreibung durchmustern und auf den Denkmälern, die Jahn Arch. Beitr. S. 51 ff. zusammengestellt hat, aufsuchen, so finden wir zuerst ausserordentlich häufig den Umstand dargestellt, dass Endymion sich auf dem Felsen, auf dem er ruht, seine Chlamys untergebreitet hat; so auf den Wandgemälden Pitt. di Ercol. III, 3 (Zahn I, 28. Mus. Borb. IX, 40); ebd. IV, 21; Zahn II, 41, und auf den nach Jahn publicirten, Mus. Borb. XIV, 3 und 19; und unter den von Jahn durch Buchstaben unterschiedenen Sarcophagreliefs auf folgenden: CEHJKLMNO. — Auf allen Monumenten ferner (mit Ausnahme der Sarcophagreliefs, die gewöhnlich den Endymion nicht als Jäger, sondern als Schäfer darstellen, vgl. Jahn a. a. O. S. 71) hält Endymion die Speere in der Hand oder im Arme oder sie entgleiten sacht seiner Hand; vgl. Pitt. di Ercol. III, 3; IV, 21; Zahn II, 41; Mus. Borb. XIV, 3 und 19; Mus. Capitol. IV, 53 [2]). In der Regel hält er auch die eine Hand über den Kopf — die gewöhnliche Stellung Ausruhender, vgl. Luc.

---

[1]) Jahn (Arch. Beitr. S. 69 Anm. 60) zieht diese Stelle des Lucian zum Vergleich für die von ihm beschriebenen Monumente herbei; doch ist nicht ersichtlich, ob es seine Ansicht ist, dass Lucian bei seiner Beschreibung Kunstwerke im Auge hatte.

[2]) So hält er auf Sarcophagreliefs zuweilen das Pedum an Stelle des Speeres in seiner Hand, vgl. DFOP.

Anach. 7 — sowohl auf den Sarcophagreliefs (vgl. Jahn S. 53: auf ABCEFGHJKLMNOP), als auf den Wandgemälden (Zahn II, 41; Pitt. di Ercol. III, 3; Mus. Borb. XIV, 3 und 19) und auf dem bei Jahn Taf. III, 1 abgebildeten Relief; und zwar ist meistens die Rechte über das Haupt gelegt, während die Linke die Speere hält, als umgekehrt (auf den angeführten Sarcophagreliefs liegt die Rechte über dem Kopf auf CEFGHJKLMNO, die Linke nur in ABP). Schliesslich findet sich auch zweimal deutlich der Zug vor, dass Selene ἐπ᾽ ἄκρων τῶν δακτύλων, „auf den Zehen,“ sich dem schönen Schläfer nähert, auf dem Sarcophagrelief A und auf dem Wandgemälde bei Zahn I, 28. Alles das spricht zur Genüge dafür, dass dem Lucian bei seiner Beschreibung die diesen Mythus darstellenden Kunstwerke vorgeschwebt haben.

Dial. Deor. XII, 1. Die Beschreibung der Rhea und ihrer Begleitung erinnert in vielen Punkten an die Monumente, obschon es immerhin möglich ist, dass Lucian hier nicht gerade daran gedacht hat.

Dial. Deor. XII, 2. Eros erzählt seiner Mutter: καὶ τοῖς λέουσιν αὐτοῖς ἤδη ξυνήτης εἰμὶ καὶ πολλάκις ἐπαναβὰς ἐπὶ τὰ νῶτα καὶ τῆς κόμης λαβόμενος ἡνιοχῶ αὐτούς. So stellen unzählige Denkmäler den Eros dar, Statuen, Reliefs, Gemmen, Münzen, Wandgemälde, Mosaiken; ich führe beispielshalber nur einige an: Müller-Wieseler II, 51, 637—639; Gal. di Fir. Ser. V, 1, Tav. 3, 1; Becker, August. 73; Mon. d. Inst. 57 B, 9. u. a.

Dial. Deor. XIII, 2. Asklepios tadelt den Herakles: ἐγὼ οὔτε ἐδούλευσα ὥσπερ σὺ οὔτε ἔξαινον ἔρια ἐν Λυδίᾳ πορφυρίδα ἐνδεδυκὼς καὶ παιόμενος ὑπὸ τῆς Ὀμφάλης χρυσῷ σανδάλῳ. Keines von den uns erhaltenen Monumenten stellt den Herakles gerade in dieser Situation dar, so häufig uns auch der lydische Herakles auf Bildwerken begegnet. Dass aber Kunstwerke, die den Herakles ganz in der oben beschriebenen Situation zeigten, nicht selten waren, geht aus Lucian Quom. hist. conscr. s. 10 hervor[1]): ἑωρακέναι γάρ σέ που εἰκὸς γεγραμμένον τῇ Ὀμφάλῃ δουλεύοντα, πάνυ ἀλλόκοτον σκευὴν ἐσκευασμένον, ἐκείνην μὲν τὸν λέοντα αὐτοῦ περιβεβλημένην καὶ τὸ ξύλον ἐν τῇ χειρὶ ἔχουσαν, αὐτὸν δὲ ἐν κροκωτῷ καὶ πορφυρίδι ἔρια ξαίνοντα καὶ παιόμενον ὑπὸ τῆς Ὀμφάλης τῷ σανδαλίῳ· καὶ τὸ θέαμα αἴσχιστον, ἀφεστῶσα ἡ ἐσθὴς τοῦ σώματος καὶ μὴ προσιζάνουσα καὶ τοῦ θεοῦ τὸ ἀνδρῶδες ἀσχημόνως καταθηλυνόμενον. — Lucian bedient sich also bei der Beschreibung des Gemäldes fast derselben Worte, wie in jenem Göttergespräche; es ist daher durchaus wahrscheinlich, dass er solche Kunstwerke, die ja nicht selten waren (wie aus dem Worte εἰκός herorgeht) an jener

---

[1]) Vgl. Plut. comp. Demetr. c. 3: ἐν ταῖς γραφαῖς ὁρῶμεν τοῦ Ἡρακλέους τὴν Ὀμφάλην καὶ τὴν λεοντῆν ἀποδύουσαν. An sen. ger. resp. c. 4 p. 785 E.: ἔνιοι τὸν Ἡρακλέα παίζοντες οὐκ εὖ γράφουσιν ἐξ Ὀμφάλης κροκωτοφόρον, ἐνδιδόντα Λυδαῖς θεραπαινίσι διπίζειν καὶ παρακλίνειν ἑαυτόν.

Stelle im Sinn gehabt hat. — Ueber Herakles und Omphale bei Dichtern und auf Kunstwerken hat am ausführlichsten gehandelt Jahn, Ber. d. sächs. Ges. d. Wissensch. f. 1855 S. 215 ff., dem ich die gleich anzuführenden Stellen entnehme. Der scherzhafte Zug, dass Herakles von der Omphale mit der Sandale geschlagen wird [1]), findet sich zuerst bei Terenz, Eun. V, 7, 3 (1027 Fleck.):

TH. Quí minus, quam Herculés servivit Ómphalae? GN. Exemplúm
placet:
Útinam tibi commítigari vídeam sandalió caput;

vermuthlich hat ihn Terenz vom Menander entlehnt. Ob zuerst ein Dichter oder ein Künstler es war, der dies unter den Sterblichen nicht seltene Pantoffelregiment auf den Mythus vom Herakles und der Omphale übertrug, wird sich kaum mit Sicherheit entscheiden lassen; bei späteren Dichtern, die die Sage vom lydischen Herakles berichten, findet er sich wenigsten nicht (vgl. Ov. her. IX, 55 ff.; Fast. II, 317 ff.; Mart. IX, 65, 11; Prop. IV, 11, 17 ff.; V, 9, 47 ff.; Sen. Hippol. 323 ff.). Das Uebrige aber, das Vertauschen der Kleider und die dem Herakles übertragenen unmännlichen Arbeiten finden sich ebenso bei den Dichtern, wie auf den Kunstwerken; vgl. die von Jahn a. a. O. gesammelten Stellen. Wir würden daher keineswegs mit solcher Gewissheit hier sagen können, dass Lucian auf Kunstwerke Rücksicht genommen habe, wenn er nicht an jener andern Stelle ein genau seinen Worten entsprechendes Gemälde erwähnte. Was die uns erhaltenen und hier zur Vergleichung herbeizuziehenden Monumente anbelangt, so verweise ich auf Jahn, der sie alle zusammengestellt hat.

Dial. Deor. XIV, 2. Die Erzählung des Apollo vom Tode des Hyacinthus kann zwar mit der äusserst geringen Zahl von Monumenten, die sich auf diesen Mythus beziehen, nicht verglichen werden, scheint aber doch mehr oder weniger auf Denkmäler Bezug zu nehmen. Besonders die Anwesenheit des Zephyrus stützt diese Vermuthung, den wir auch auf den beiden Bildern der Philostrate, die ja bei der Fingirung ihrer Gemälde sehr oft auf wirkliche Kunstwerke Rücksicht nehmen, anwesend finden; vgl. Phil. sen. I, 24 und jun. 14. Dass der vom Maler Nicias zum Vorwurf genommene Mythus (Plin. XXXV, 40; Paus. III, 19, 4) auch später noch ein beliebtes Sujet war, geht aus Mart. XIV, 173 hervor.

Dial. Deor. XVIII, 1. Die Beschreibung des bacchischen Thiasos ist ohne Zweifel von Lucian in der Erinnerung an jene unzähligen diesen Thiasos oder Theile von ihm darstellenden Denkmäler

---

[1]) Ueber die Sitte der Alten, mit der Sandale zu schlagen, vgl. die von Jahn a. a. O. S. 224 Anm. 24 und zum Pers. V, 169 beigebrachten Stellen; ferner C. F. Hermann z. Luc. Quom. hist. conscr. s. c. 10; Lindenbrog z. Ter. Eun. V, 7, 4; Hermann, Griech. Privatalterth. § 34, 13. Ausserdem auch die von Merklin, Aphrodite - Nemesis S. 7 Anm. 33 erwähnte Stelle, Plut. Quaest. Graec. c. 12.

gemacht; und ganz dasselbe ist meiner Ansicht nach der Fall mit den
beiden andern Stellen, wo ebenfalls Dionysos und sein Gefolge geschildert wird, Bacch. 1 ffg. und Deor. conc. 4.

Dial. Deor. XX. Das in diesem Dialoge beschriebene Urtheil
des Paris erinnert uns ebensosehr an die lasciven Schilderungen dieses
Mythus bei den späteren Dichtern, wie an die Denkmäler der verfal-
lenen frivolen Kunst, da sowohl Dichter wie Künstler dieser Epoche
den der ursprünglichen Sage fremden Zug hinzufügen, die drei Göttinnen hätten sich dem Paris nackt gezeigt; vgl. Ov. her. XVII, 115;
Prop. II, 2, 14; und nach Apul. metam X p. 738 (Oud.) erschien
Aphrodite auch in den Pantomimen so gut wie unbekleidet. Betreffs
der Denkmäler, welche die Göttinnen nackt darstellen, vgl. Welcker
Alte Denkm. V, 425 ff., wo Wandgemälde, Reliefs, Gemmen, die den
Mythus auf die bezeichnete Weise darstellen, zusammengestellt sind.
Es lässt sich weiter nichts hinzufügen, als dass einige dieser Denk-
mäler uns an die Lucianische Schilderung erinnern [1]); so sehen wir
z. B. auf dem Relief einer Lampe (Creuzer, Abbild. z. Symb. Taf. 50
S. 19) Athene unbekleidet, Lanze und Schild mit der Linken auf
dem Rücken haltend und anscheinend im Begriff, mit der Rechten den
Helm vom Kopf zu nehmen, wie ja auch bei Lucian Athene auf die
Ermahnung der Aphrodite sich ihres Helmes entledigt [2]).

Dial. Deor. XX, 6. Die Beschreibung des Raubes des Ganymedes stimmt zwar mit keinem der uns erhaltenen Denkmäler vollkommen
überein (vgl. Jahn, Arch. Beitr. S. 12 ff.), scheint aber doch aus Monumenten hervorgegangen zu sein. Die ganze Schilderung, wie der
Adler mit dem Jüngling sich in die Luft erhebt, trägt statuarischen
Character, besonders wenn wir dabei auf Einzelnheiten Rücksicht nehmen,
wie z. B. dass der Adler die Mitra des Ganymedes mit dem Schnabel
festhält [3]); dass der Knabe den Kopf dem Adler zuwendet (ohne Zweifel
mit etwas ängstlichem Ausdruck); dass die am Boden liegende Syrinx

---

[1]) Welcker (a. a. O. S. 417 no. 69) erinnert an die Lucianische Schilderung der
Eifersucht unter den drei Göttinnen bei Gelegenheit des bekannten Wandgemäldes
aus dem Grabe des Nasonen, Taf. 34 (Millin, Gal. myth. 147, 637. Overbeck, Her.
Gal. XI, 2), auf dem er zu erkennen glaubt, dass „Athene den Eros, da er voraus-
eilen will, um die Aphrodite in Vortheil zu setzen, bei einem Flügel zurückzuhalten
scheine." Overbeck a. a. O. S. 246 Anm. 135 findet mit Recht, dass sich dies nicht
erkennen lasse. Nur so viel lässt sich bestimmt aussagen, dass Aphrodite den Eros,
der neben Athene, welche die Hand auf seine Schulter legt, steht, zu sich heran-
winkt. Möglich immerhin, dass Lucian einige Züge dieser Eifersucht unter den
drei Bewerberinnen auf Kunstwerken fand; humoristische Auffassung eines an sich
ernsten Mythus ist ja in der griechischen Kunst nicht selten.

[2]) Overbeck a. a. O. S. 252 fg. vermuthet, Lucian habe in diesem Dialoge,
namentlich was seine Fiction anbelangt, dass die Göttinnen einzeln mit Paris unter-
handeln, sich nach der nachepischen Poesie gerichtet, was nicht unmöglich ist.

[3]) Die Mitra geben auch die Denkmäler dem Ganymed; vgl. Zahn II, 32;
Mus. Borb. X, 56; Panofka, Zeus und Aegina 2, 10 u. s.

erwähnt wird, welche Ganymed vor Schreck hat fallen lassen — ἀποβε-
βλήκει γὰρ αὐτὴν ὑπὸ τοῦ δέους —, und die wir auch auf den
Monumenten zuweilen am Boden liegen sehen (wie in der berühmten
Gruppe des Vatican, Millin G. M. 145, 531. Müller-Wieseler I, 36,
148). Da es bisher immer noch nicht ausgemacht ist, auf welche
Weise Leochares den vom Adler geraubten Ganymed dargestellt hat
und welches der erhaltenen Kunstwerke seiner Gruppe wohl am nächsten
kommt, so könnte uns diese Beschreibung des Lucian vielleicht einen
Anhalt dazu geben, da Lucian, wenn er einmal bei seiner Schilderung
sich nach einem Kunstwerke richtete, doch gewiss das berühmteste
und schönste unter den diesen Mythus behandelnden Monumenten, das
Werk des Leochares, sich ausgesucht haben wird.

Dial. Deor. XXVI, 1. Die Beschreibung der Dioskuren scheint
ebenfalls im Hinblick auf die Denkmäler gemacht zu sein; namentlich
die Worte: οὗτος (Pollux) ἔχει ἐπὶ τοῦ προσώπου τὰ ἴχνη τῶν
τραυμάτων, ἃ ἔλαβε παρὰ τῶν ἀνταγονιστῶν πυκτεύων erinnern
uns an die Sitte der alten Künstler, die Ohren der Faustkämpfer und
auch des Polydeukes, des Schutzpatrons des Faustkampfes, geschwollen
darzustellen; vgl. Müller, Handb. § 329, 7; § 414, 5. Der Kunst-
ausdruck dafür ist ὦτα κατεαγώς oder ὠτοκάταξις, wie Luc. Lexiph. 9
der sonderbare Worte liebende Lexiphanes einen solchen Mann nennt.
(Vgl. Winckelmann, Mon. ined. tav. 63. Gerhard, Berl. ant. Bildw.
S. 74 n. 17). Vielleicht wollte Lucian hier die Künstler selbst ein wenig
verspotten, dass sie den göttlichen Schutzherren der Faustkämpfer
durch Faustschläge entstellt darstellten, als ob dieser nicht alle seine
Gegner im Faustkampfe überwinden und daher unmöglich die Spuren
von Schlägen an seinem olympischen Antlitz tragen könnte.

Dial. marin. I, 2. Galateia erzählt den Nymphen die Eroberung,
die sie am Polyphem gemacht: ποιμαίνων ποτὲ ἀπὸ τῆς σκοπῆς
παιζούσας ἡμᾶς ἰδὼν ἐπὶ τῆς ἠϊόνος — ὑμᾶς μὲν οὐδὲ προσέβλε-
ψεν, ἐγὼ δὲ ἐξ ἁπασῶν ἡ καλλίστη ἔδοξα. Jahn (Arch. Beitr. S. 415
fg.) vermuthet, dass dieser von Lucian beschriebene Moment, wo
Polyphem die vorüberziehende Galatea zuerst wahrnimmt und von
Liebe zu ihr ergriffen wird, auf einem Pompejanischen Wandgemälde
(Zahn II, 30; vgl. Bull. dell' Inst. 1835 p. 40) dargestellt sei. —
Sicherer, als diese Stelle, ist wohl eine andere aus demselben Dialoge
auf Bildwerke zu beziehen, nämlich c. 4, wo der verliebte Polyphem
beschrieben wird, wie er zur Leier singt: καὶ αὐτὴ δὲ ἡ πηκτὶς
οἵα; κρανίον ἐλάφου γυμνὸν τῶν σαρκῶν καὶ τὰ μὲν κέρατα
πήχεις ὥσπερ ἦσαν, ζυγώσας δὲ αὐτὰ καὶ ἀνάψας τὰ νεῦρα, οὐδὲ κόλλοπι περιστρέψας, ἐμελῴδει. Während sich der Zug, dass
die Lyra des Polyphem roh aus Hirschknochen gefertigt ist, bei den
Dichtern nicht findet, begegnen wir ihm auf den Denkmälern öfters;
vgl. Jahn, Arch. Beitr. S. 416 ff., der ein Herculanisches Wandgemälde
anführt (Pitt. di Ercol. I, 10. Mus. Borb. I, 2. Millin G. M. 172,
632) und ein Relief (Winckelmann, Mon. Ined. 36. Zoëga, Bass.

ant. 57). Ein jenem ganz ähnliches, kürzlich entdecktes Wandgemälde, das im Bull. Napol. VI p. 36 beschrieben ist, fügt Friederichs noch hinzu (Philostr. Bild. S. 29 Anm. 3). So haben wir also drei Beispiele dieses roh gezimmerten Instrumentes auf den Monumenten, und da die Dichter davon schweigen, so ist es nicht unwahrscheinlich, dass Lucian diesen Zug den Denkmälern entnommen hat. Diese Annahme dient auch dazu, Friederichs zu unterstützen, wenn er a. a. O. S. 31 an dem Gemälde des ältern Philostrat II, 18 es rügt, dass Polyphem eine Syrinx, keine Lyra hat, da dem Cyclopen jene nur von den Dichtern, diese aber von den Künstlern gegeben werde. Und wenn Brunn (Philostr. Gem. S. 258) dagegen anführt, dass sich nur zwei Beispiele der Lyra bei Jahn fänden, so ist er im Irrthum, indem er auf die von Jahn S. 415 erwähnte und Taf. II, 2 abgebildete Gemme (Tölken Verz. IV, 385) zu wenig giebt und das andere, oben erwähnte Wandgemälde, so wie eine zweite von Friederichs S. 30 Anm. 1 hinzugefügte Gemme (Tölken III, 191) gänzlich übersieht, sodass wir nicht zwei, sondern fünf Beispiele von der Lyra auf Monumenten haben.

Dial. mar. XII, 2. Akrisios befiehlt, dass man Danae mit ihrem kleinen Kinde in einer Kiste ins Meer werfe; Danae aber ὑπὲρ αὐτῆς μὲν ἐσίγα καὶ ἔφερε τὴν καταδίκην, τὸ βρέφος δὲ παρῃτεῖτο μὴ ἀποθανεῖν δακρύουσα καὶ τῷ πάππῳ δεικνύουσα αὐτὸ, κάλλιστον ὄν · τὸ δὲ ὑπ' ἀγνοίας τῶν κακῶν ὑπεμειδία πρὸς τὴν θάλασσαν. Da wir nur ausserordentlich wenig diesen Mythus behandelnde Denkmäler besitzen, noch dazu grösstentheils Vasengemälde, die also dem Lucian unmöglich vorgeschwebt haben können, so kann man hier nur die Vermuthung aussprechen, dass Lucian Bilder der Danae mit dem Perseus im Sinne gehabt habe; namentlich was die Figur des kleinen Perseus anbelangt, scheint eine solche Vermuthung nahe zu liegen, da besonders die Künstler es liebten, die Unschuld und Arglosigkeit der Kinder im Gegensatz zu den sie umgebenden älteren Personen hervorzuheben, ein gemüthlicher Zug, der uns bei den Dichtern viel seltner begegnet. (Vgl. Jahn, Arch. Beitr. S. 344 Anm. 54). So hält auf einem Vasenbilde (Welcker, Alte Denkm. V Taf. 17, 1) Perseus, den Danae im Arme trägt, einen Ball im Händchen; ich erinnere auch an die Kinder der Medea, von denen Lucian ähnlich, wie er vom Perseus sagt, ὑπ' ἀγνοίας τῶν κακῶν, erwähnt, sie seien μηδὲν τῶν μελλόντων εἰδότε dargestellt gewesen auf dem Gemälde de domo 31.

Dial. mar. XIV, 2: Perseus im Kampfe mit der Meduse, und

ebdat. § 3: Perseus das die Andromeda bedrohende Ungeheuer tödtend sind ganz zweifellos nach Monumenten beschrieben; ich verweise auf S. 62 fg. und 57 ffg. Aber auch die dritte Scene des Mythus geht ohne Zweifel auf die Denkmäler zurück: Perseus λύσας τὰ δεσμὰ τῆς παρθένου, ὑποσχὼν τὴν χεῖρα ὑπεδέξατο ἀκροποδητὶ κατιοῦσαν

ἐκ τῆς πέτρας ὀλισϑηρᾶς οὔσης. Von den zahlreichen diese Scene
behandelnden Monumenten stellen fast alle sie ganz auf dieselbe Weise
dar, wie Lucian sie schildert. Um mich bei der Aufzählung der uns
erhaltenen Kunstwerke nicht länger aufzuhalten, verweise ich auf die
Schrift von C. F. Hermann, Perseus und Andromeda, Göttingen 1851,
und auf die schon oben erwähnte Dissertation von Fedde, De Perseo
et Andromeda, wo die einschlägigen Denkmäler zusammengestellt und
besprochen sind. Sie alle stimmen mit den Worten Lucians mehr
oder minder überein[1]); namentlich von den Wandgemälden: Pitt. di
Ercol. IV, 7 (Mus. Borb. X, 84); Mus. Borb. VI, 50; ebd. V, 32;
von Reliefs: Brunn, Zwölf Basrel. Taf. 10; Mon. Matth. III, 28, 2;
Mus. Borb. VI, 40, und eine von Panofka (Arch. Ztg. f. 1848 S. 301)
erwähnte Terracotta aus der Sammlung Gargiulio; von Statuen die
Wallmoden'sche, von Hermann a. a. O. publicirte Gruppe[2]); ferner
die von Fedde unter 1—5 angeführten Gemmen und die unter Nr. 3
von ihm angeführte Münze. Dass ein und dieselbe Vorstellung sich so
oft auf jeder Art von Denkmälern findet, muss jedenfalls die Vermuthung erregen, dass sie auf das Original irgend eines berühmten
Künstlers zurückgeht, und wohl nicht mit Unrecht hält Hermann S. 14 ff.
(vgl. Fedde S. 76 fg.) ein Gemälde des Nicias, der (nach Plin. XXXV,
132) die Andromeda gemalt hat, für das muthmassliche Original
dieser Monumente; und auf dasselbe scheint auch ein Epigramm des
Antiphilus (Anall. II, 172 no. 13) zurückzugehen, wo die Andromeda
ganz ähnlich beschrieben wird:

χά μὲν ἀπὸ σκοπέλοιο χαλᾷ πύδα σήπαδι νάρκα
νωϑρὸν · ὁ δὲ μναστὴρ νυμφοκομεῖ τὸ γέρας.

Dass Lucian bei seiner Beschreibung Kunstwerke im Auge gehabt
habe, hat auch Fedde vermuthet, p. 44.

Dial. mar. XV, 2. Europa auf dem Stiere sitzend: τῇ λαιᾷ
μὲν εἴχατο τοῦ κέρατος, ὡς μὴ ἀπολισϑάνοι, τῇ ἑτέρᾳ δὲ ἠνεμωμένον τὸν πέπλον ξυνεῖχεν. Die Beschreibung entspricht der Darstellung auf den Denkmälern vollkommen, aber freilich auch den Schilderungen der Dichter; vgl. Mosch. Id. I, 126 (Ahr.):

τῇ μὲν ἔχεν ταύρου δόλιχον κέρας, ἐν χειρὶ δ' ἄλλῃ
εἴρυε πορφυρέην στολμοῦ πτύχα . . . . .
κολπῶϑη δ' ἀνέμοισι πέπλος βαϑὺς Εὐρωπείης;
und Ov. met. II, 873 ff.:

. . . pavet haec litusque ablata relictum
Respicit et dextra cornum tenet, altera dorso
Imposita est; tremulae sinuantur flamine vestes.

---

[1]) Aber kein einziges von den Vasenbildern, worüber zu vgl. Hermann a. a. O.

[2]) O. Müller (Gött. gel. Anz. f. 1830, Dec. S. 2013) und Levezow (Amalthea II, 367) haben die Vermuthung ausgesprochen, dass eine Statue des Berliner
Museums den Perseus darstellt, der den linken Arm ausstrecke, um die herab-
steigende Andromeda zu unterstützen. Vgl. Gerhard, Berl. ant. Bildw. S. 46 n. 33.

Indessen ist es mir bei weitem wahrscheinlicher, dass die Dichter diese einzelnen Züge von den Künstlern entlehnt haben, als umgekehrt, also dass z. B. die Sidonier den Typus ihrer Münzen nach den Beschreibungen der Dichter angefertigt hätten. Es sind besonders zwei Momente, welche sowohl in dichterischen Schilderungen, wie auf den Kunstwerken fast immer wiederkehren: erstens, dass Europa mit der einen Hand sich am Horn des Stieres festhält, und dann, dass ihr Gewand vom Winde gebläht erscheint. Diese beiden Momente finden wir auch auf dem von Ach. Tat. I, 1 beschriebenen Gemälde: τῇ λαιᾷ τοῦ κέρως ἐχομένη .... ὁ δὲ κόλπος τοῦ πέπλου πάντοθεν ἐτέτατο κυρτούμενος. In einem dritten Punkte finden wir Verschiedenheit der Darstellung: denn entweder ruht, wie bei Ovid, die andere Hand der Europa auf dem Rücken des Stieres (so auf den Vasenbildern, Elite céram. I, 27 fg.); oder, wie Lucian und Moschus es beschreiben, Europa bedient sich ihrer, um das vom Winde getriebene Gewand fest zu halten; und so zeigen sie z. B. die sidonischen Münzen (Müller-Wieseler II, 3, 40a) und eine Gemme (ebd. 40).

Auch der zweite Theil des Dialoges, in dem der Zug der Europa auf dem Meere beschrieben wird, nimmt fast in jedem einzelnen Punkte auf die Denkmäler Bezug, obgleich nicht geleugnet werden kann, dass wir auch bei den Dichtern u. a. durchaus entsprechende Beschreibungen solcher Seeprocessionen finden; aber mit Recht sagt O. Jahn (Ber. d. sächs. Ges. d. Wissensch. f. 1854 S. 177) hierüber: „Auch bei den Dichtern sind Beschreibungen solcher Seeprocessionen ungemein beliebt, und grösstentheils stimmen sie der ganzen Auffassung nach, wie in einzelnen Motiven so genau mit den bildlichen Vorstellungen überein, wie dies selten der Fall ist; ein deutlicher Beweis, dass sie unter dem Einfluss der sie umgebenden Kunstwerke schrieben." Er führt zur Unterstützung seiner Behauptung folgende Schriftsteller an: Ov. met. IV, 85; Apul. met. IV p. 308 (Oud.); Mosch. Id. II, 117 ff. (I, 117 Ahr.); Claud. de nupt. Hon. et Marc. 127 ff.; Sid. Apoll. carm. XI, 34 ff.; Choric. p. 130 (Boiss.) Es wäre nicht nur zu lang, sondern auch überflüssig, die einzelnen Denkmäler mit der Beschreibung des Lucian im Ganzen oder im Einzelnen zu vergleichen und die Uebereinstimmung hervorzuheben, da Jahn a. a. O. alle einschlägigen Monumente gesammelt und nach den betreffenden Momenten gesondert hat; ich will hier nur diese speciellen Punkte selbst anführen, welche Lucian ebenso wie die übrigen oben erwähnten Schriftsteller bei ihren Schilderungen aus den Kunstwerken entnommen zu haben scheint. Zuerst sind jene Ἔρωτες παραπετόμενοι μικρὸν ἐκ τῆς θαλάσσης zu erwähnen; vgl. Ach. Tat. I, 1; Sid. Apoll. carm. XI, 42; Claud. l. l. 153. Ferner die auf Delphinen reitenden Nereiden; vgl. Mosch. I, 120; Apul. met. p. 307; Claud. 154; Chor. p. 130. Sodann die Tritonen und die andern Meeresungeheuer; vgl. Mosch. 124; Apul. p. 308; Chor. p. 130; ferner Poseidon mit der Amphitrite in einem Wagen fahrend, vgl. Apoll. Rh. IV, 1325 fg.; 1335 fg.; 1370 fg.; schliesslich noch die von zwei Tritonen in einer Muschel getragene Aphrodite: vgl. Tib. III, 3, 34; Stat. silv. I, 2, 117; III, 4, 4; Fulgent. myth. II, 4.

Ein Kunstwerk, das sich mit der Lucianischen Beschreibung vom Zuge der Europa Punkt für Punkt vergleichen liesse, ist nicht vorhanden; am nächsten kommt ihr das Gemälde einer Vase des Berliner Museums, Nr. 1023, abgebildet bei Gerhard, ApuL u. Campan. Vasenb. Taf. 7; doch ist dies Vasenbild von der Grossartigkeit und Pracht, welche die späteren Denkmäler, namentlich die Reliefs, bei solchen Seezügen entwickeln, sehr weit entfernt.

Endlich nimmt vielleicht auch die dritte in jenem Seegespräch beschriebene Scene: Europa wird auf der Insel Creta von dem wieder zurückverwandelten Zeus in die Höhle geführt, auf Kunstwerke Bezug, eine Vermuthung, die bei dem gänzlichen Mangel an Denkmälern dieses Sujets freilich jeder Stütze entbehrt.

Wenn wir jetzt einen Blick auf das zurückwerfen, was wir über die einzelnen Götter- und Seegespräche gefunden haben, so sehen wir, dass bei vielen die Vermuthung, Lucian habe bei ihrer Abfassung Denkmäler im Auge gehabt, sich gar nicht abweisen lässt, besonders bei folgenden: Dial. Deor. IV, 3; XI, 1; XI, 2; XII, 2; XIII, 2. Dial. marin. I, 4; XIV, 2; XIV, 3; XV, 2; XV, 3. Bei den übrigen freilich erscheint es mehr oder minder zweifelhaft, grossentheils wegen Mangel einschlägiger Monumente, durch die jene Vermuthung gestützt werden könnte. Doch spricht eben das, dass Lucian an so vielen andern Stellen jener Gespräche Rücksicht auf Denkmäler genommen hat, dafür, dass er es auch an manchen Stellen gethan hat, wo wir es, eben weil uns die beweisenden Monumente fehlen, nicht zu erkennen vermögen. Doch ist zu hoffen, dass je mehr Kunstwerke wir kennen lernen und zur Vergleichung werden heranziehen können, wir auch um so häufiger einen solchen Zusammenhang zwischen den Kunstwerken und den Schriften nicht nur Lucians, sondern auch mancher anderer griechischer Autoren entdecken werden; und während jetzt meistens nur die Kunstwerke aus den Schriftstellern erklärt werden, wird man mit der Zeit auch immer mehr dahin kommen, die Schriftsteller aus den Kunstwerken zu begreifen und manche verborgene Anspielung aus den Schätzen der bildenden Kunst heraus zu erklären, ohne dass man deswegen gleich in das Extrem eines Polymetis zu verfallen braucht.

Fragen wir uns nun aber: hat Lucian seine besonderen Gründe gehabt, bei diesen Gesprächen so oft Kunstwerke im Auge zu haben, oder hat er nach ihnen blos beschrieben, um sich die Mühe eigner Erfindung zu ersparen? — Diese Frage dürfte nicht so leicht zu beantworten sein. Die Götter- und Seegespräche sollen Satiren auf die alten Götter- und Heroensagen sein; Lucian verspottet dieselben theils durch parodirendes Hineintragen menschlicher Verhältnisse in die olympische Gesellschaft, theils durch komische Häufung von Begebnissen,

die der Mythus der Zeit nach trennt oder die verschiedenen Mythen
angehören, theils durch einzelne lächerliche Züge. Im Ganzen wird
Niemand diese Gespräche für eine sehr gelungene Persiflage halten.
Nun sind manche Stellen in den Gesprächen, und wir haben sie angeführt, wo irgend eine mythische Begebenheit des Langen und Breiten
erzählt, in ihre einzelnen Momente zerlegt wird, und zwar im
Anschluss an die Denkmäler. Diese Beschreibungen sind an sich nicht
witzig; man sieht auch gar nicht ein, was sie in diesen Persiflagen
sollen, was der Verfasser mit ihnen bezweckt? — Wenn die Fabel
vom Perseus, von der Europa u. s. w. in allem Ernste erzählt wird,
fast wie von einem Mythographen oder wie eine in Prosa umgesetzte
Dichterstelle, wo liegt da der Spott? — Die zahlreichen Wiederholungen
dieser bald längeren, bald kürzeren Schilderungen sind auffallend, und
da meines Wissens noch Niemand sich hierüber geäussert hat, möchte
ich mir erlauben, eine Vermuthung auszusprechen, durch die ich diesen
Punkt aufzuklären suche: dass nämlich Lucian, als er sich in diesen
Beschreibungen erwiesener Maassen an die Kunst anlehnte, dies in der
bestimmten Absicht that, dieselbe zu verspotten. Wir haben im ersten
Kapitel § 3 gesehen, ein wie grosser Verehrer der Kunst Lucian ist,
dass er aber doch oder vielmehr grade deswegen auch Tadel und Spott
für schlechte Künstler, namentlich für seine herabgekommenen Zeitgenossen, genug hat. Was ist es nun, worüber er hier spottet? —
Es ist meiner Ansicht nach die geringe Productionskraft dieser Epi-
gonen, ihr Mangel an schöpferischem Geiste und erfinderischer Phantasie.
— Dass der von einem berühmten Meister ausgebildete und festgestellte
Typus eines Gottes nun von den nachfolgenden Künstlern beibehalten
und bewahrt wurde, ist natürlich und gerechtfertigt; dass aber auch
Darstellungen von Begebenheiten, namentlich von mythischen Scenen,
ihren Typus erhalten, das ist ein Zeichen von der geringen Productivität der Künstler aus der Zeit des Verfalls, aus der ja auch die
meisten der uns erhaltenen Denkmäler dieser Gattung herrühren. Nirgend
herrscht so die Tradition, wie hier; eine berühmte Darstellung eines
Mythus, in Plastik oder Malerei, wird nun unzählige Male copirt, in
Wandgemälden, Statuengruppen, Reliefs, Gemmen, kurz in jeder Art
der Technik. Abweichungen sind theils selten, theils unbedeutend;
eine neue Auffassung aber finden wir so gut wie nie. Die handwerksmässigen Künstler arbeiten im wahrsten Sinne des Worts nach der
Schablone. Wir können schon jetzt wissen, wie ein in künftiger Zeit
auszugrabendes Relief mit Selene und Endymion oder ein noch auf-
zudeckendes Pompejanisches Wandgemälde mit Perseus und Andromeda
ungefähr aussehen wird. Diese Sterilität der damaligen Künstler war
es also, die Lucian, ohne es zu sagen, nebenbei in seinen Götter- und
Seegesprächen verspottete, indem er die Mythen ganz ebenso erzählt,
wie die Künstler sie darstellen: gleichsam als wollte er ironisch damit
andeuten, dass die Sachen in der That ganz ebenso passirt seien, wie
die Herren Künstler sie uns zeigen, da ja die Götter selbst sich ihre

Erlebnisse gegenseitig so erzählen. Dahin rechne ich also vorzugsweise Gespräche wie: Dial. Deor. XI, 2; XIII, 2; XX, 6; Dial. mar. I, 4; XIV, 2 sq. XV, 2; bei anderen hingegen, wie Dial. Deor. IV, 3; XI, 1; XVI, 1, dient die Beziehung auf Kunstwerke bloss dazu, der Stelle eine scherzhafte Wendung zu geben, während bei einer dritten Reihe, wie Dial. Deor. XII, 1 und 2; XVIII, 1 die Beziehung auf die Kunst fast unwillkürlich und wie von selbst sich darbietend erscheint.

§ 3.

Ueber einige andere bei Lucian erwähnte Kunstwerke [1]).

Ich führe zuvörderst mehrere Stellen an, wo Lucian ohne Zweifel ebenso, wie in den Götter- und Seegesprächen, Kunstwerke im Sinn hatte, ohne es auszusprechen; es sind hauptsächlich folgende: Contempl. seu Char. 7, wo es von Homer heisst: *ναυτιάσας ἐκεῖνος ἀπήμεσε τῶν ῥαψῳδιῶν τὰς πολλὰς αὐτῇ Σκύλλῃ καὶ Χαρύβδει καὶ Κύκλωπι · οὐ χαλεπὸν οὖν ἦν ἐκ τοσούτου ἐμέτου ὀλίγα γοῦν διαφυλάττειν.* Schon der Scholiast hat bei diesen Worten an das bekannte Gemälde des Galato gedacht: *"Οτι ὁ Γαλάτω ὁ ζωγράφος ἔγραψε, τὸν μὲν "Ομηρον ἐμοῦντα, τοὺς δὲ ἄλλους ποιητὰς τὰ ἐμημεσμένα ἀρυομένους,* und es ist wohl kaum zu bezweifeln, dass Lucian, als er jenen Scherz niederschrieb, dabei jenes (auch von Ael. V. H. XIII. 22 erwähnte) Bild in der Erinnerung hatte. Rhet. praec. 6: *οἱ ἔπαινοι περὶ πᾶσαν αὐτὴν "Ερωσί μικροῖς ἐοικότες πολλοὶ ἀπανταχόθεν περιπλεκέσθων ἐκπετόμενοι.* Ein Vergleich, der ganz gewiss aus den Kunstwerken genommen ist, was schon daraus mit Sicherheit hervorgeht, dass unmittelbar darauf eine Vergleichung mit einem anderen Kunstwerke folgt: *ἦπου τὸν Νεῖλον εἶδες γραφῇ μεμιμημένον κτλ.* Dieser zweite Vergleich, wo

---

[1]) Ich übergehe hier die Stellen, die entweder schon besprochen sind, wie Prom. es in verb. 5; Quom. hist. conscr. s. 10; Bacch. 1; Deor. conc. 4 u. a., oder die weiter keinen Anlass zur Besprechung bieten, wie De gymn. 2, wo der lycische Apollo beschrieben wird, Hipp. 5, wo archaische Statuen des Asklepios und der Hygiea erwähnt werden (*τῆς ἀρχαίας ἐργασίας;* sie stehen in den Nischen eines Badezimmers, vgl. Michaelis in der Arch. Ztg. f. 1859 S. 41); Herc. 1 und Dips. 6, wo Kunstwerke, die sich offenbar als fingirt herausstellen, beschrieben werden; De mort. Peregr. 37. — Ebenso übergehe ich die zahlreichen im Tempel zu Hierapolis befindlichen Statuen, die De Dea Syr. 10; 14 etc. erwähnt werden und noch viele andere beiläufige Erwähnungen von Kunstwerken, wie sie bei Lucian, der seine Vergleiche und Beispiele so gern aus der Kunst wählt, sehr häufig sind.

die oben mit Eroten verglichenen Lobeserhebungen den kleinen πήχεις auf Darstellungen des Nils verglichen werden, zeigt deutlich, dass auch der erste Vergleich aus der Kunst entnommen ist. Vgl. ausserdem die schon erwähnten Stellen Bacch. 1 und Deor. conc. 4.

Erwähnenswerth ist ausserdem:

Scyth. 2. Hier wird eine Stele beschrieben, auf der der Scythe Toxaris in Relief dargestellt war; sie befand sich zu Athen und war zu Lucians Zeit durch das Alter schon ziemlich zerstört, so dass sich nicht mehr Alles genau erkennen liess. Was die Darstellung anlangt, so schildert Lucian dieselbe so: Σκύθης ἀνὴρ, τῇ λαιᾷ μὲν τόξον ἔχων ἐντεταμένον, τῇ δεξιᾷ δὲ βιβλίον, ὡς ἐδόκει. Paucker (De Sophoclis medici herois sacerdotio p. 47 sqq.) erläutert dies merkwürdige Attribut eines Buches richtig durch die Statuen des Asklepios, die ebenfalls häufig Bücherrollen aufweisen, vgl. Clarac 294, 1164; Panofka, Asklepios, Taf. VI, 1a. Panofka aber (Arch. Ztg. f. 1852, S. 461) stellte die Behauptung auf, jene Figur könne unmöglich eine Rolle in der Hand halten; „Bogen und Schriftrolle," sagt er, „sind zwei Attribute, die nach den Begriffen des Alterthums keineswegs zu einander passen, sondern einen Gegensatz ausdrücken, insofern sie auf zwei ganz verschiedene Stände und Lebensberufe, nämlich der Bogen auf den Jäger, die Schriftrolle auf den Gelehrten hinweisen." — Das kann zwar im Allgemeinen nicht geleugnet werden, aber hier müssen wir doch annehmen, dass der Künstler eine Ausnahme gemacht hat. Panofka hat ganz übersehen, dass auf der Stele nicht jedes Attribut einen Stand bezeichnet, sondern nur das eine den Stand, das andere die Nation. Toxaris wurde auf jenem Relief durch den Bogen nicht als Jäger, sondern als Scythe gekennzeichnet, da die Scythen auf den Denkmälern gewöhnlich mit einem Bogen versehen dargestellt werden. Das Attribut des Bogens (τόξον) diente möglicherweise auch zugleich als Anspielung auf den Namen, und ähnliche Erscheinungen finden wir ja auf den dem Relief nicht gar zu fern liegenden archaischen Vasenbildern ebenfalls[1]). Panofka's Vermuthung, das auf dem Relief nicht mehr deutlich zu erkennende Attribut der rechten Hand sei eine Axt gewesen, die sich mitunter auf Darstellungen des Asklepios-Paeon findet, ist demnach vollkommen überflüssig[2]).

Quom. hist. concr. s. 23: εἴ που Ἔρωτα εἶδες παίζοντα, προσωπεῖον Ἡρακλέους πάμμεγα ἢ Τιτᾶνος περικείμενον. O. Jahn

---

[1]) Auf der François-Vase heisst ein Bogenschütze Τόξαμις; vgl. Gerhard Auserl. Vasenb. 192, wo einem Bogenschützen der Name Σκύθης beigeschrieben ist.

[2]) O. Jahn (Vasensamml. d. Kön. Ludw. S. CLIV Anm. 1083) scheint an die Wirklichkeit des von Lucian beschriebenen Reliefs nicht recht zu glauben, doch sehe ich keinen Grund, sie in Zweifel zu ziehen.

(Kieler Monatsschrift f. 1853 S. 537 fg.) hat die Vermuthung ausgesprochen, dass für *Τιτᾶνος* zu lesen sei *Πᾶνος*. C. F. Hermanns Meinung, es sei hier Prometheus zu verstehen, ist ganz und gar nicht glaublich; doch liesse sich wohl auch *Τιτᾶνος* halten; s. das *τιτανῶδες βλέπων*, Tim. 54. (Vgl. auch Luc. de salt. c. 79). — Eroten mit Masken spielend finden wir in Statuen, Reliefs, Gemmen und Wandgemälden unzählige Male dargestellt; Jahn hat die einschlägigen Denkmäler a. a. O. zusammengestellt.
Ver. hist. I, 8. *εὕρομεν ἀμπέλων χρῆμα τεράστιον · τὸ μὲν γὰρ ἀπὸ τῆς γῆς, ὁ στέλεχος αὐτὸς εὐερνὴς καὶ παχὺς, τὸ δὲ ἄνω γυναῖκες ἦσαν, ὅσον ἐκ τῶν λαγόνων ἅπαντα ἔχουσαι τέλεια · τοιαύτην παρ᾽ ἡμῖν τὴν Δάφνην γράφουσιν ἄρτι τοῦ Ἀπόλλωνος καταλαμβάνοντος ἀποδενδρουμένην.* Die uns erhaltenen Denkmäler zeigen die Daphne im Augenblicke des Ergriffenwerdens in anderer Weise, da sie nie die Verwandlung selbst darstellen, sondern sie durch einen Lorbeerzweig, der entweder aus dem Kopfe (Mus. Borb. XII, 33) oder neben dem Mädchen selbst (Mus. Borb. X, 58: Pitt. d. Ercol. IV, 27) hervorspriesst, nur andeuten. Selbst die borghesische Daphnestatue (Clarac 540 B, 966 C), welche der Lucianischen Beschreibung noch am nächsten kommt, weicht doch darin von ihr ab, dass die menschliche Gestalt unversehrt bleibt, indem nur der untere Theil des Körpers mit Lorbeerzweigen dicht umgeben, aber nicht verwandelt erscheint (Kopf und Arme sind ergänzt, vgl. Braun, Ruinen und Mus. Roms, S. 541); und ähnlich finden wir die Daphne dargestellt auf einer Gemme des Berliner Museums (Tölken Verz. III, 2, 759). — Friederichs, der (Philostr. Bild. S. 95 Anm. 2) die Behauptung aufgestellt, dass die alten Künstler die Verwandlung menschlicher Körper in Bäume, wie bei Daphne, den Heliaden u. A., nie direct dargestellt, sondern immer nur angedeutet hätten, und dem es daher darauf ankommt, diese wider ihn sprechende Stelle zu beseitigen, versucht dies dadurch, dass er das, was Lucian im 4. Kap. über das ganze Buch sagt: *ἓν δὲ τοῦτο ἀληθεύσω λέγων, ὅτι ψεύσομαι,* auch für diesen Vergleich und die erwähnte Kunstdarstellung gelten lassen will. Doch ist diese Ansicht entschieden zurückzuweisen, da sich jene Worte Lucians nur auf das, was er erzählt, nicht auf Vergleiche oder beiläufige Bemerkungen beziehen; vgl. II, 44: *ἐνέμοντο αὐτὴν ἄνθρωποι, Βουκέφαλοι, κέρατα ἔχοντες, οἷον παρ᾽ ἡμῖν τὸν Μινώταυρον ἀναπλάττουσιν,* wo doch Niemand behaupten wird, dass auch diese zum Vergleich herbeigezogene Kunstdarstellung wie die Stiermenschen, mit denen sie verglichen wird, erdichtet sei. Sicher also scheuten die Künstler eines späteren Zeitalters nicht davor zurück, die Verwandlung menschlicher Körper auf die beschriebene Weise uns vor die Augen zu führen; obgleich Brunn ohne Zweifel Recht hat, wenn er (Phil. Gem. S. 191) sagt: „Man kann gern zugeben, dass die Kunst in ihrer höchsten Blüthe die Darstellung ähnlicher Metamorphosen eher gemieden, als aufgesucht hat."

[De astrol. 10: ἦν δέ ᾽κοτε Ὀρφέα ἴδῃς ἢ λίϑοισιν ἢ χροιῇ
μεμμιμημένον, ἐν μέσῳ ἕζεται ἴκελος ἀείδοντι μετὰ χερσὶν ἔχων
τὴν λύρην · ἀμφὶ δέ μιν ζῷα μυρία ἕστηκεν, ἐν οἷς καὶ ἄνϑρωπος
καὶ ταῦρος καὶ λέων καὶ τῶν ἄλλων ἕκαστον. Dies Schriftchen,
das Becker, Dindorf, Sommerbrodt für untergeschoben erklärt haben,
halte auch ich für unecht, sowohl wegen des sehr simplen Inhalts,
der durch den Jonischen Dialect nicht schmackhafter gemacht wird,
wie speciell wegen dieser Stelle. Denn so viel Denkmäler wir kennen,
die den Orpheus darstellen (und deren sind eine grosse Anzahl, namentlich Mosaiken), und so viel Beschreibungen von solchen Kunstwerken bei den alten Schriftstellern auf uns gekommen sind [1]), es findet
sich unter allen kein einziges Denkmal, auf dem Menschen zusammen
mit den Thieren als Zuhörer des Gesanges anwesend wären. Natürlich,
nur das war ja ein Wunder, dass wilde Thiere durch den Gesang
angelockt und gezähmt wurden, von Menschen versteht sich das von
selbst. Der Verfasser jener Schrift hat hier also entweder etwas direct
nicht Existirendes beschrieben, oder er hat Figuren von menschlichem
Aeussern, wie z. B. Musen, Quellgottheiten, Personificationen der
Gegend u. s. w., wie sie wohl bei Darstellungen des Orpheus unter den
Thieren vorkommen konnten, für wirkliche Menschen angesehen. Beides
aber ist ein Fehler, den der kunstverständige Lucian unmöglich began-
gen haben kann.]

Toxar. 6. Die hier beschriebenen Wandgemälde, welche die
Schicksale des Orestes und Pylades bei den Tauriern zum Gegenstande
hatten, sind ohne Zweifel fingirt, theils weil ein solches Oresteum
vermuthlich gar nicht existirte, theils weil es sehr unwahrscheinlich
ist, dass die Scythen in so grauer Zeit solche Gemälde (ὑπὸ τῶν
παλαιῶν εἰκασμένα werden sie genannt), die noch dazu Griechen
verherrlichten, angefertigt haben. Scheint doch selbst jener Mnesippus,
dem Toxaris die erwähnten Gemälde beschreibt, nicht recht daran
zu glauben und das Ganze mehr für eine gute Erfindung des Toxaris
zu halten; wenigstens nimmt er dessen Erzählung etwas ironisch auf,
c. 8: ἐλελήϑεις δέ με, ὦ γενναῖε, καὶ γραφεὺς ἀγαϑὸς ὤν. c. 11:
αἱ ὑμέτεραι παλαιαὶ γραφαὶ, ἃς μικρῷ πρόσϑεν εὖ μάλα ἐξε-
τραγῴδησας. Rathgeber (Ersch-Gruber'sche Encycl. s. v. Orestes,
III, 5, S. 110) führt diese Gemälde wunderbarer Weise mit unter
den auf Orestes bezüglichen Monumenten auf und beschreibt sie,
als ob es wirklich existirende wären. Doch ist immerhin anzunehmen, dass Lucian dabei andere, denselben Mythus behandelnde
Kunstwerke, deren ja auch wir noch eine ziemliche Anzahl besitzen,
in Gedanken haben mochte.

---

[1]) Vgl. u. A. Mart. X, 19, 6; Paus. IX, 30, 3; Callistr. stat. 7 (Philostr.
jun. imagg. 6).

Cronosol. 1. Kronos ἦν οὐ πηδήτης οὐδὲ αὐχμοῦ πλέως, οἷον αὐτὸν οἱ ζωγράφοι παρὰ τῶν λήρων τῶν ποιητῶν παραδεξάμενοι ἐπιδείκνυνται. Vgl. Saturn. VII, 8; De salt. 37; [De astrol. 21]. Lucian scheint hier auf römische Sitte anzuspielen, da die Römer ein an den Füssen gefesseltes Bild des Saturn im Tempel aufzubewahren pflegten, das nur an den dem Saturn geweihten Tagen von den Fesseln befreit wurde. Vgl. Cic. nat. Deor. II, 25, 64; Macrob. Sat. I, 8, 5; Stat. silv. I, 6, 4; Minut. Felix p. 118; Creuzer, Symb. und Mythol. II, 215; Preller, Röm. Mythol. 2. Ausg. S. 412. (Vgl. Feuerbach, Vatic. Ap. 2. Ausg. S. 24 Anm. 28).

Conviv. 14. λαβὼν δὲ ἅμα ὁ Ἀλκιδάμας ἐσίγησε μικρὸν καὶ ἐς τὸ ἔδαφος καταβαλὼν ἑαυτὸν ἔκειτο ἡμίγυμνος ὥσπερ ἠπειλήκει (vgl. c. 13), πήξας τὸν ἀγκῶνα ὀρθὸν, ἔχων ἅμα τὸν σκύφον ἐν τῇ δεξιᾷ, οἷος ὁ παρὰ τῷ Φόλῳ Ἡρακλῆς ὑπὸ τῶν γραφέων δείκνυται. Unter den Denkmälern, die den Herakles beim Pholus darstellen, ist nur eins, das mit der Lucianischen Beschreibung vollkommen übereinstimmt, und merkwürdiger Weise gerade eins, das dem Lucian sehr fern steht, nämlich ein kürzlich von Gerhard (Arch. Ztg. f. 1865 Taf. 201, 1) publicirtes Vasengemälde mit schwarzen Figuren, das den Herakles darstellt, wie er halbbekleidet am Boden gelagert ist, indem er sich auf den linken Arm stützt und mit der Rechten den Scyphus hält. Dass ein Kunstwerk, das von den bei Lucian erwähnten Gemälden 600 Jahre oder mehr auseinander ist, mit ihnen so genau übereinstimmt, darf uns deswegen nicht Wunder nehmen, weil die Art, wie die Künstler den Herakles ruhend darstellten, im Grunde nur dieselbe ist, deren sich überhaupt die Alten bei ihren Trinkgelagen bedienten, nur mit der Ausnahme, dass sie auf ihrem Kissen, nicht auf dem Fussboden, wie Herakles, so lagerten. Vgl. Stephani, Der ausruhende Herakles, S. 125 ff. (Mém. de l'acad. imp. de Pétersb. VIII, 1855, S. 377 ff.), wo die den Herakles ἀναπαυόμενος darstellenden Monumente zusammengestellt sind. Doch können nicht alle diese Denkmäler mit unserer Beschreibung verglichen werden, denn die meisten stellen den Herakles ebenso dar, wie das berühmteste unter dieser Reihe von Kunstwerken ihn zeigt, das Albanische Relief (Millin, Gal. myth. 124, 464). — Millin ist im Irrthum, wenn er in seiner Beschreibung angiebt, Herakles sei auf diesem Monument in derselben Stellung aufgefasst, que le cynique Alcidamas affectait. Denn auf dem Albanischen und ähnlichen Reliefs hat Herakles nach Gewohnheit der Ausruhenden oder Schlafenden die eine Hand über den Kopf gelegt; bei Lucian aber bedeutet πήξας τὸν ἀγκῶνα ὀρθόν keineswegs diese Stellung, sondern diejenige, die das erwähnte Vasengemälde zeigt, wie das aus den kurz vorhergehenden Worten des Alcidamas deutlich ist: χαμαὶ τὸν τρίβωνα ὑποβαλλόμενος κείσομαι ἐπ' ἀγκῶνος, οἷον τὸν Ἡρακλέα γράφουσιν. Es ist das dieselbe Stellung, welche auf den Grabreliefs der Griechen die beim Todtenmahl gelagerten Männer

einzunehmen pflegen. Wenn also Alcidamas hier ausdrücklich gerade
mit Herakles verglichen wird, so geschieht das einerseits, weil er
selbst den Herakles zu seinem Schutzpatron gewählt hat, andrerseits,
was das Aeusserliche anbetrifft, weil er nicht, wie andere anständige
Leute, auf dem Sopha, sondern auf dem Fussboden sich niedergelassen
hat, ganz besonders aber desshalb, weil er, ähnlich wie Herakles
auf den Denkmälern, halb nackt und — wie aus dem Zusammenhang deutlich hervorgeht, — keineswegs ganz nüchtern, wie sein vom
Centaurenwein berauschter Schutzgott auf unanständige Weise sich am
Boden lagerte.

Drittes Kapitel.

Aphorismen über die bildende Kunst zur Zeit des Lucian.

Ich habe bereits oben davon gesprochen, dass Lucian von der Kunst seines Zeitalters nur äusserst selten spricht. Kein Künstler, weder Bildhauer noch Maler, der über das vierte vorchristliche Jahrhundert hinausgeht, wird von ihm auch nur dem Namen nach genannt: und wenn er im Allgemeinen von den ihm gleichzeitigen Künstlern spricht, enthält er sich entweder jedes Lobes oder fügt irgend einen ironischen Tadel hinzu. Wir sehen, als was für einen Menschen er im „Traum" seinen Oheim, den Bildhauer, schildert: welch' ein ungebildetes, rohes, schmutziges Weib die ebendaselbst redend eingeführte Bildhauerkunst ist: das ganze Schriftchen lehrt deutlich, dass die Bildhauerkunst und die Bildhauer selbst zu jener Zeit durchaus keine Achtung mehr genossen. Das geht namentlich aus folgender Stelle hervor, c. 9: εἰ καὶ Φειδίας ἢ Πολύκλειτος γένοιο καὶ πολλὰ θαυμαστὰ ἐξεργάσαιο, τὴν μὲν τέχνην ἅπαντες ἐπαινέσονται, οὐκ ἔστι δὲ ὅστις τῶν ἰδόντων. εἰ νοῦν ἔχοι, εὔξαιτ' ἂν ὅμοιός σοι γενέσθαι · οἷος γὰρ ἂν ᾖς, βάναυσος καὶ χειρῶναξ καὶ ἀποχειροβίωτος νομισθήσῃ [1]). Aber nicht in dieser Gleichstellung der Künstler mit den Handwerkern haben wir den Grund für die Geringschätzung der Kunst zu suchen, denn die Griechen haben von jeher zwischen Künstlern und Handwerkern keine scharfe Grenze gezogen [2]);

---

[1]) Ad. Stahr im Torso I. 449 ff. spricht über diese Stelle Lucians mit einem grossen, recht überflüssigen Wortschwall und behauptet, Lucian habe das Alles im ironischen Sinne gemeint. Stahr ist der Erste, der hier Ironie gefunden hat, und wird hoffentlich auch der Einzige bleiben.

[2]) Vgl. Plat. Alc. II, p. 140 B: τέκτονες καὶ σκυτοτόμοι καὶ ἀνδριαντοποιοί, οἱ ξύμπαντές εἰσι δημιουργοί. Protag. p. 312 C. Vgl. C. F. Hermann, Griech. Privatalterth. S. 41 Anm. 9 f.; Götting. Stud. 1847 S. 44 ff.; Ueb. d. Kunsts. d. Röm. S. 71, wo er gegen Friedländer Ueb. d. Kunsts. d. Röm. S. 32 behauptet, die Römer hätten diesen Unterschied nicht unbeachtet gelassen: aber dass auch sie den Ausdruck *opifex* und *artifex* sehr oft ohne Unterschied gebrauchten, geht aus vielen Stellen hervor, z. B. Cic. Or. II, 5; De Deor. nat. II, 32, 81; Colum. d. r. r. I, praef. 31 u. s.

ohne Zweifel war die Gesunkenheit der Künstler und der Kunst damaliger
Zeit an der Verachtung, oder sagen wir lieber, an der Nichtachtung
der Zeitgenossen Schuld.

Plastische Kunstwerke aus jener Epoche erwähnt Lucian nur
ausserordentlich selten, und bei seinen aus der Kunst entnommenen
Beispielen oder Vergleichen wählt er, wie wir oben gesehen haben,
am liebsten die Malerei. Daher werden denn auch die Maler jenes
Zeitalters ziemlich häufig erwähnt. De merc. cond. 42 spricht er es
offen aus, dass so tüchtige Maler, wie sie die früheren Jahrhunderte
gesehen hatten, jetzt nicht mehr zu finden seien, ein Urtheil, das
mit den Zeugnissen anderer Schriftsteller über die spätere Malerei
¦vollkommen übereinstimmt; sagt doch schon Plinius, dass zu seiner
Zeit die Malerei im Sterben liege; vgl. Plin. XXXV, 2; ebd. 29;
ebd. 50; Petron. c. 88. Daher ist es denn auch erklärlich, dass
ein einzelner Maler aus späterer Zeit nie namentlich angeführt wird,
während die Maler im Allgemeinen öfters erwähnt werden: Prom. 5;
Hermot. 72; Zeux. 5; Quom. hist. conscr. 13; Ver. hist. I, 8;
ebd. II, 44; Amor. 32; Pro imagg. 6; [Dipsad. 6]; De mort.
Peregr. 37; Cronosol. 1; Conviv. 14. Cronosol. 1 werden sie ge-
tadelt, weil sie, schlechten Dichtern folgend, den Kronos schmutzig
und gefesselt darstellten. Wenn aber Amor. 32 jener Päderast die
Maler deswegen tadelt, weil sie den Eros als kleines, unmündiges
Kind darstellten: κακὸν νήπιον, ὁποῖον ζωγράφων παίζουσι χεῖρες,
so lässt sich darüber streiten, ob das auch im Sinne des Lucian gesagt
sei oder nur im Sinne Dessen, den er gerade sprechen lässt. Denn
wenn auch im Allgemeinen zugegeben werden muss, dass jene ältere
Auffassung des Eros als eines ernsten Jünglings würdiger und gross-
artiger ist, so kann doch jener andern, mehr scherzenden Auffassung
ihre Berechtigung nicht geradezu abgesprochen werden.

Hier und da werden bei Lucian Copieen älterer Gemälde erwähnt.
So haben wir schon gesehen, dass die meisten der im Buche „De domo"
beschriebenen Gemälde mit älteren, berühmten Kunstwerken so über-
einstimmten, dass wir sie ohne Bedenken als Copieen derselben bezeichnen konnten. Aber während es hier nur auf Vermuthung beruht,
ist an einer andern Stelle von einer solchen Copie ausdrücklich die
Rede, Zeux. 3: τῆς εἰκόνος ταύτης ἀντίγραφός ἐστι νῦν Ἀθήνησι
πρὸς αὐτὴν ἐκείνην ἀκριβεῖ τῇ στάθμῃ μετενηνεγμένη .... τήν
γε εἰκόνα τῆς εἰκόνος εἶδον καὶ .... πάνυ μέμνημαι οὐ πρὸ πολ-
λοῦ ἰδὼν ἔν τινος τῶν γραφέων Ἀθήνησι. Das Gemälde also, das
Lucian in dem Atelier eines Athenischen Malers sah, ist nicht die
ἀντίγραφος εἰκών, von der er zu Anfang spricht, sondern wiederum
eine Copie von dieser (εἰκὼν τῆς εἰκόνος sc. τῆς ἀντιγράφου);
denn ohne Zweifel war die alte, schon zur Zeit des Sulla angefertigte
Copie jenes Gemäldes, die durch den Verlust des Originales selbst
einen sehr hohen Werth erlangt hatte, zur Zeit Lucians besser auf-
bewahrt als in einem Maler-Atelier; auch fügt ja Lucian ein zweites

'Aϑήνησι hinzu, was, wenn das ersterwähnte Bild mit dem zweiten, das er im Atelier sah, identisch wäre, vollkommen überflüssig und als unnütze Wiederholung erschiene. — Dass ältere Gemälde copirt wurden, wird uns mehrfach auch bei andern Schriftstellern berichtet; vgl. Dion. Hal. adv. ʹDinarch. c. VII, S. 644 (R); Plin. XXXV, 125 berichtet, dass Lucullus ein *apographon* von einem Gemälde des Pausias gekauft habe (Brunn freilich, Künstl. Gesch. II, 195, hält dies *apographon* für ein zweites Exemplar des Bildes von der Hand des Pausias selbst); ebd. 91 wird berichtet, dass Dorotheus die berühmte Anadyomene des Apelles für den Kaiser Nero copirt habe. Ja, manche Maler scheinen sich nur mit Copiren abgegeben zu haben, wie aus Quint. X, 2, 6 hervorgeht: *Quemadmodum quidam pictores in id solum student, ut describere tabulas mensuris ac lineis sciant.* (Vgl. Quint. VIII, 3, 25; X, 2, 2; Dion. Hal. de Din. c. VII, p. 644).

Wir haben schon oben (S. 50) bemerkt, dass Lucian häufig Portraitstatuen erwähnt und sich über diese Unsitte seiner Zeit, dem Ersten Besten eine Bildsäule zu setzen, lustig macht; aber auch die Portraitmalerei wird einige Male, wenn auch seltner, erwähnt. Die betreffenden Stellen sind so characteristisch und passen auch für unsere Zeit so vortrefflich, dass ich mir nicht versagen kann, sie in ihrer ganzen Ausdehnung hier auszuschreiben: Quom. hist. conscr. s. 13: ὥσπερ οἱ ἄμορφοι τῶν ἀνθρώπων, καὶ μάλιστά γε τὰ γύναια τοῖς γραφεῦσι παρακελευόμενα ὡς καλλίστας αὐτὰς γράφειν · οἴονται γὰρ ἄμεινον ἕξειν τὴν ὄψιν, ἢν ὁ γραφεὺς αὐταῖς ἐρύθημά τε πλεῖον ἐπανθίσῃ καὶ τὸ λευκὸν ἐγκαταμίξῃ πολὺ τῷ φαρμάκῳ. Und Pro imagg. 6: χαίρουσι ... τῶν γραφέων ἐκείνοις μάλιστα, οἳ ἂν πρὸς τὸ εὐμορφότερον αὐτοὺς εἰκάσωσιν · εἶναι δέ τινας, οἳ καὶ προστάττουσι τοῖς τεχνίταις ἢ ἀφελεῖν τι τῆς ῥινὸς ἢ μελάντερα γράφασθαι τὰ ὄμματα ἢ ὅ τι ἂν ἄλλο ἐπιθυμήσωσιν αὐτοῖς προσεῖναι, εἶτα λανθάνειν αὐτοὺς ἀλλοτρίας εἰκόνας στεφανοῦντας καὶ οὐδὲν αὐτοῖς ἐοικυίας. Ist es nicht, als ob man einen Schriftsteller des neunzehnten Jahrhunderts läse?

Im Ganzen aber hat es den Anschein, als ob die Malerei sich aus dem tiefen Verfall, in dem sie sich zur Zeit des Plinius und Petronius befand, doch im folgenden Jahrhundert wieder etwas erhoben hätte. Plinius, wo er von der Malerei zu reden beginnt, sagt XXXV, 2: *primum dicemus de pictura, arte quondam nobili .... nunc vero in totum a marmoribus pulsa*[1]), Aber gerade umgekehrt

---

[1]) Auch andere dem Plinius ungefähr gleichzeitige Schriftsteller erwähnen Malerei und Gemälde nur sehr selten, während sie auf Bildhauer und Werke der Plastik viel häufiger Bezug nehmen. Martial, der plastische und toreutische Werke so oft lobt, erwähnt Gemälde nur äusserst selten und auch dann mehrfach nur spottend. Nur einmal wird ein Maler gelobt, XIX, 9: aber das gelobte Gemälde ist ein Portrait, das Bild des Memor, und mit jenem Lobe hat Martial gewiss mehr dem

finden wir bei Lucian bei weitem mehr Gemälde erwähnt, als Werke der Plastik. Zu einer Zeit, wo selbst die Kaiser sich in der Malerei versuchten [1]), muss diese Kunst wieder einen höhern Aufschwung genommen haben; und wenn man selbst behaupten wollte — was keineswegs als ausgemacht erscheint —, dass die Lucianischen Erwähnungen sich auf die zur Kaiserzeit in hoher Blüthe stehende Wandmalerei, nicht auf Staffelei-Gemälde, bezögen, so würde man das doch von den De domo beschriebenen Bildern nicht behaupten können; und eine Zeit, wo es solche Gemäldegalerieen gab, wie wir sie bei Statius, Lucian, und von den Philostraten fingirt finden, wo die Philostrate und andre Rhetoren Gemälde zum Gegenstande ihrer Declamationen wählen konnten, musste doch entschieden für Gemälde Interesse haben. Vgl. die Vorrede des Philostrat: "Ὅστις μὴ ἀσπάζεται τὴν ζωγραφίαν, ἀδικεῖ τὴν ἀλήθειαν, ἀδικεῖ δὲ καὶ σοφίαν ὁπόση ἐς ποιητὰς ἥκει .... ξυμμετρίαν δὲ οὐκ ἐπαινεῖ κτλ.

Dass nicht nur in der Malerei, sondern auch in der Sculptur Werke älterer Meister in grosser Zahl copirt wurden, könnte uns,

---

Gemalten als dem Maler ein Compliment machen wollen. IX, 74 wird das Portrait eines Knaben erwähnt. Unter den Xenien aber, unter denen so viele plastische Werke sich befinden (XIV, 170 — 172; 174; 176 — 182) sind nur zwei Gemälde, ein Hyacinthus XIV, 173 und eine Danae XIV, 175, und was Martial von ihnen daselbst sagt, steht zur Kunst in keiner Beziehung. I, 109 ferner wird ein gewisser Publius verhöhnt, der seinen Sperling entweder selbst gemalt hat oder hat malen lassen; IV, 47 verspottet er einen Maler, der den Phaëton enkaustisch gemalt hat, mit dem ziemlich frostigen Witze:

Quid tibi vis, dipyron qui Phaëtonta facis?

V, 40 tadelt er einen Maler Artemidorus streng, dass er eine Venus, die er habe malen wollen, wie eine Minerva dargestellt habe. Brunn, Künstl. Gesch. II, 140 erklärt dies Epigramm anders, indem er aus den Worten Martials:

Pinxisti Venerem, colis, Artemidore, Minervam,
et miraris, opus displicuisse tuum,

herausliest, jener Maler habe eine Minerva gemalt; aber meiner Ansicht nach ist das falsch. Denn ohne Zweifel bezieht sich dies Epigramm ganz auf dasselbe Gemälde, dem I, 102 gilt, dass denselben Witz fast mit denselben Worten vorträgt:

Qui pinxit Venerem tuam, Lycori,
blanditus, puto, pictor est Minervae.

Wenn wir diese beiden Epigramme vergleichen, können wir aus ihnen unmöglich etwas Anderes schliessen, als dass jener Artemidor der Lycoris eine Venus gemalt habe, welche so wenig den Typus dieser Göttin, wie ihn die hervorragendsten Künstler ausgebildet und festgestellt haben, trug, dass sie nicht die Göttin der Liebe, sondern der ewigen Keuschheit, nicht Venus, sondern Minerva zu sein schien. Und so hat der Maler der Minerva geschmeichelt, indem er ihr Form und Gestalt der Venus, der Göttin der Schönheit, gab; und eben darauf bezieht es sich, dass von ihm gesagt wird, er „verehre" die Minerva. — Man verzeihe mir diese kleine Abschweifung. Im Ganzen sehen wir also, dass Martial einerseits Gemälde nur selten erwähnt, andrerseits, wo er sie erwähnt, meist die Lauge seines Spottes über Bild wie Meister ergiesst.

[1]) Marc Aurel wurde von Diognet in der Malerei unterrichtet (Jul. Cap. M. Aur. 4) und Severus Alexander soll „wunderbar" gemalt haben (Lamprid. im Sev. Alex. 27). Auch von Hadrian wird berichtet, dass er sich mit Malen abgegeben habe (Dio Cass. 67, 6).

auch wenn es nicht überliefert wäre, ein einziger Blick auf eine Antikensammlung lehren. Auch aus Lucian können wir manches Interessante dafür entnehmen. Zuerst ist eine sehr wichtige Stelle anzuführen, durch die wir eine bei den Bildhauern jener Zeit gebräuchliche Methode des Abformens von Bildsäulen kennen lernen, nämlich mit Pech, anstatt des sonst üblichen Gypses: Jup. trag. 33, wo von dem in der Nähe der Poekile aufgestellten Hermes [1]) die Rede ist: πίττης γοῦν ἀναπέπλησται ὁσημέραι ἐκματτόμενος ὑπὸ τῶν ἀνδριαντοποιῶν, sagt Zeus, und ihm antwortet Hermes mit den scherzhaften Versen:

ἐτύγχανον μὲν ἄρτι χαλκουργῶν ὕπο
πιττούμενος στέρνον τε καὶ μετάφρενον ·
θώραξ δέ μοι γελοῖος ἀμφὶ σώματι
πλασθεὶς παρῃώρητο μιμηλῇ τέχνῃ
σφραγῖδα χαλκοῦ πᾶσαν ἐκτυπούμενος κτλ [1]).

Aus dieser Stelle geht nun freilich nicht hervor, zu welchem Behufe die Erzgiesser diese Statue so unzählige Male abformten, ob sie es thaten, um directe Copieen von ihr zu nehmen, oder um an ihr ihre Studien zu machen. Im letzteren Sinne hat der Scholiast die Stelle aufgefasst, der hier die Bemerkung macht: οἱ γὰρ ποιοῦντες τοὺς ἀνδριάντας τὰ ἀγάλματα ἔθος εἶχον περιπλάττειν τὸ ἄγαλμα τοῦ Ἑρμοῦς πίσσῃ καὶ οὕτω λαμβάνειν τὸ αὐτοῦ ἐκτύπωμα, ἵνα πρὸς αὐτὸ ποιήσωσιν. Offenbar hat der Scholiast hier keine andere Quelle benutzt, sondern nur Lucians Worte umschrieben und daran selbständig die Folgerung geknüpft, dass die Athenischen Erzgiesser sich diese Abgüsse als Modell nahmen. So haben auch die Neueren diese Stelle aufgefasst (vgl. Müller im Handb. § 92 Anm. 3. Wiener Jahrb. Bd. XXXVIII S. 282) und wohl mit Recht, obgleich dann die hübsche Stelle Lucians etwas von ihrem Reize verliert, da sie zu einer blos scherzhaften Wendung herabsinkt, während sie sonst, wenn wir annehmen, die Erzgiesser hätten den alterthümlichen Hermes direct und in infinitum copirt, zugleich einen sehr bittern satirischen Seitenhieb auf die Unselbständigkeit der damaligen Künstler und die noch immer nicht erloschene Neigung des Publikums zum archaisch-strengen Stil enthielte [2]).

---

[1]) Müller im Handb. § 305 Anm. 6 citirt Luc. Lexiph. 11, wo ich keine auf diesen Hermes bezügliche Stelle finden kann, da die Worte: οἶσθα τὸν χαλκοῦν τὸν ἑστῶτα ἐν τῇ ἀγορᾷ doch sicher auf den dort genannten Ex-Athleten Damasias sich beziehen; dass dergleichen Leuten zu Lucians Zeit sehr häufig Bildsäulen errichtet wurden, habe ich oben S. 50 erwähnt.

[2]) Dass der Hermes agoraeos ein streng archaisches Werk war, geht sowohl aus der Beschreibung, die Zeus bei Lucian von ihm macht, hervor: ὁ εὔγραμμος καὶ εὐπερίγραπτος, ὁ ἀρχαῖος τὴν ἀνάδεσιν τῆς κόμης (vgl. S. 6), als es auch aus andern Nachrichten bekannt ist, Paus. I, 51, 1; Philochor. b. Hesych. s. v. ἀγοραῖος. Vgl. Schöll. Mittheil. a. Griechenland S. 31. — Müller, Wiener Jahrb. a. a. O. meint, „dass nur die treffliche Form des Leibes, nicht aber das Gesicht abgeformt wurde;" doch lässt sich dies daraus, dass Hermagoras nur Brust und Rücken erwähnt, nicht schliessen; sagt doch Zeus: πίττης ἀνακέπλησται.

Während es hier also zweifelhaft bleibt, ob Lucian das Copiren von Statuen auf so rein mechanischem Wege im Auge hat, lassen andere Stellen darüber keinen Zweifel, dass das ungemein im Schwung war, und bei der Unfruchtbarkeit der späteren Kunst mochte dies bei vielen Bildhauern wohl die einzige Beschäftigung sein, Copieen berühmter Kunstwerke in Erz oder Stein anzufertigen. Das geschah zwar schon lange vor Lucians Zeit und ist wohl zu jeder Zeit gebräuchlich gewesen, aber dass diese Sitte in dem Maasse zunahm, als die Productivität der Künstler schwand, ist natürlich. Wir finden von dieser Nachahmung berühmter Kunstwerke ein recht praegnantes Beispiel bei Lucian. Philops. 18 werden nämlich mehrere Werke berühmter Künstler, von denen wir im 1. Kapitel im Einzelnen gesprochen haben, erwähnt, die, wenn man unbefangen jene Stelle liest, zur Zeit dieser Unterredung sich im Hofe eines Atheners Namens Eukrates befunden zu haben scheinen. Es sind folgende: der Myronische Diskobol, der Diadumenos des Polyklet, die Tyrannenmörder von Kritios und Nesiotes, und der Pelichos des Demetrius. Welcker (Alte Denkm. I, 417 f. Anm.) ist der Ansicht, dass alle diese Kunstwerke die echten, originalen Werke gewesen seien, was meiner Ansicht nach ganz unmöglich ist. Ich übergehe, wie unwahrscheinlich es ist, dass so weltberühmte Statuen ´im Privatbesitz eines ganz unbekannten und, wie aus jenem Dialog hervorgeht, ganz ungebildeten Mannes sich befunden haben sollen, da doch, wie bekannt, unter römischer Herrschaft die berühmtesten Kunstwerke, wenn es irgend anging, von den Siegern aus Griechenland nach Rom geschleppt wurden, wo sie die Tempel, Plätze, Porticus und Kaiserpaläste schmückten; ich mache nur darauf aufmerksam, dass, obgleich wir von den übrigen a. a. O. erwähnten Statuen nicht wissen, wo sie sich zur Zeit des Lucian befunden haben, uns dies doch von einer ganz genau und noch dazu von Lucian selbst berichtet wird, nämlich von den Statuen des Kritios und Nesiotes, welche nach Luc. Paras. 48 und Paus. I, 8, 5 (vgl. Arist. Eccl. 681 sq.) auf der Agora zu Athen aufgestellt waren. Welcker suchte nun diesen Widerspruch so zu heben, dass er annahm, das Haus des Eukrates habe dicht am Marktplatz gelegen; aber Lucian sagt ausdrücklich ἐν τῇ ἀγορᾷ, und Pausanias bezeugt, die Gruppe sei nicht weit vom Tempel des Ares aufgestellt gewesen, und das kann unmöglich so, wie Welcker will, ausgelegt werden. Auch ist es ganz unglaublich, dass ein so altes und so berühmtes Werk, das noch dazu eine der hervorragendsten Thaten aus der athenischen Geschichte verherrlichte (wurde die Gruppe doch selbst auf Münzen geprägt, wie bekannt), im Privatbesitz den Augen der einheimischen und fremden Beschauer unzugänglich gewesen sein soll; solch ein Werk kann nur auf einem öffentlichen Platze gestanden haben und muss ohne Zweifel Staatseigenthum gewesen sein. Man darf wohl mit Sicherheit behaupten, dass ebensogut, wie jener Harmodius und Aristogiton, auch der Diskobol und der Diadumenos nicht die Originale sondern nur Copieen waren; ob aber auch der Pelichos des Demetrius

nur eine Copie oder ob er das Original selbst war, möchte ich nicht
bestimmt entscheiden, da dies weder sehr ausgezeichnete noch berühmte
Werk möglicherweise auf irgend welche Art in den Besitz des Eukrates
gekommen sein kann, zumal Cap. 20 ausdrücklich gesagt wird: ἔστ᾽
ἂν ὁ χαλκὸς μὲν χαλκός, τὸ δὲ ἔργον Δημήτριος ὁ Ἀλωπεκῆθεν
εἰργασμένος ᾖ, οὐ θεοποιός τις, ἀλλ᾽ ἀνθρωποποιὸς ὤν. Auf
keinen Fall darf das bei uns Anstoss erregen, dass die Kunstwerke
a. a. O. mit den Namen der Verfertiger der Originale so ohne Weiteres
bezeichnet werden, dass also der Diskobol τῶν Μύρωνος ἔργων ἓν
καὶ τοῦτο, der Diadumenos Πολυκλείτου ἔργον, Harmodius und
Aristogiton τὰ Κριτίου καὶ Νησιώτου πλάσματα genannt werden.
Denn wie ja auch wir Copieen von Statuen oder Gemälden mit den
Namen der Künstler, nicht der Copisten, zu bezeichnen pflegen und
z. B. einen Gypsabguss „die Hebe von Canova“ oder einen Kupfer-
stich „Rafaels Sixtina“ nennen, so scheinen auch die Alten sich dieser
bequemeren Art der Bezeichnung bedient und eine genauere Angabe,
dass das Werk nur Copie nach dem genannten Original sei, für überflüssig erachtet zu haben, obgleich ein bestimmtes Zeugniss darüber
gerade nicht vorliegt.

Wenn es aber, wie wir wissen, zur Zeit des Hadrian ganz besonders Sitte war, archaische Werke nachzuahmen und wie in der
Poesie so auch in der Kunst das Alte zu bewundern und als Muster
hinzustellen, scheint diese Liebhaberei zur Zeit Lucians schon bedeutend
im Abnehmen begriffen gewesen zu sein; finden wir doch unter den
Werken, die jener Eukrates besitzt, nur ein einziges archaisches, den
Harmodius und Aristogiton; auch sonst finden sich nur wenig Stellen
bei Lucian, die auf Nachahmung archaischer Kunstwerke zu beziehen
wären: die bereits mehrfach angeführte Stelle Jup. trag. 33, wo von
den den archaischen Hermes abformenden Bildhauern die Rede ist,
scheint, selbst wenn sie einen Spott über die Unselbständigkeit der
nur sklavisch nachahmenden Künstler enthalten sollte, dies mehr zu
betonen, als dass es gerade eine Statue des alten Stils ist, welche sie
sich zum Modell nehmen; beiläufig ist im Hipp. 5 von zwei Statuen
des Asklepios und der Hygiea die Rede, welche Werke τῆς ἀρχαίας
ἐργασίας genannt werden. Es ist nicht zu erkennen, ob es nur Copieen
archaischer Werke oder wirklich alte Originalstatuen aus jener Zeit
des hieratischen Stiles waren. — Auch haben wir oben bereits kurz
über das gesprochen, was Lucian Rhet. praec. 9 von den alten Schriftstellern sagt, gewiss nicht ohne Beziehung auf die an jener Stelle
zur Vergleichung angezogene archaische Kunst. Diese wenigen Stellen,
wo wir Bezugnahme auf ältere Kunst oder deren Nachahmung finden,
sprechen keineswegs dafür, dass noch damals, gegen das Ende des
zweiten Jahrhunderts, die Renaissance in der griechischen Kunst, wenn
ich es so nennen darf, geherrscht habe. Wäre dies der Fall gewesen,
so müsste man sich sehr wundern, dass Lucian diesen für seinen Spott
so geeigneten Stoff nicht benutzte, dass er die ihren eigenen Mangel

an Productivität unter der vorgenommenen Maske archaischer Naivität zu verbergen trachtende Kunst nicht sollte ebenso scharf und witzig gegeisselt haben, wie die ganze übrige Zerfallenheit und Zerfahrenheit seines Zeitalters. — Eine andere, allerdings auch schon früher herrschende und eigentlich das ganze classische Alterthum durchziehende Richtung der Kunst, die namentlich durch die Kunstliebhaber genährt worden zu sein scheint, mag damals jene durch Hadrians absonderlichen Geschmack hervorgerufene verdrängt haben, nämlich die naturalistische. Ich erinnere an das, was ich oben bei Gelegenheit der Werke des Myron und Demetrius gesagt habe (S. 17 und 26); ich habe die Beschreibung der Broncestatuette beim jüngeren Plinius zur Vergleichung mit dem Pelichus des Demetrius angeführt und darauf aufmerksam gemacht, dass Lucian offenbar ein Gegner des naturalistischen Princips in der Kunst ist. Diese Neigung für die treue Nachahmung der Natur tritt uns bei Autoren der verschiedensten Epochen entgegen; und während der Eine das Verwerfliche und Ungesunde dieser Richtung erkennt, wie Lucian, sieht der Andere in ihr das wahre Ziel und die höchste Aufgabe der bildenden Kunst, wie Plinius. d. J. Ich führe namentlich folgende Stellen zum Belege an: Dion. Hal. de adm. vi dic. in Dem. c. LI, p. 1114 (R.): οὐ γὰρ δή τοι πλάσται μὲν καὶ γραφεῖς ἐν ὕλῃ φθαρτῇ χείροντες πόνους, ὥστε καὶ φλέβια καὶ πτίλα καὶ χνοῦς καὶ τὰ τούτοις ὅμοια εἰς ἀκρὸν ἐξεργάζεσθαι καὶ κατατήκειν ἐπὶ ταῦτα τὰς τέχνας. Ders. de comp. verb. c. XXV, p. 209: ζωγράφων τε καὶ τορευτῶν παισὶν ἐν ὕλῃ φθαρτῇ χειρῶν εὐστοχίας καὶ πόνους ὑποδεικνυμένοις, περὶ τὰ φλέβια καὶ τὰ πτίλα καὶ τὸν χνοῦν καὶ τὰς τοιαύτας μικρολογίας κατατρίβειν τῆς τέχνης τὴν ἀκρίβειαν. Man höre dagegen Plutarch oder wer der Verfasser dieser Schrift sein mag, der darin ganz auf der Stufe des Plinius steht, de aud. poët. c. 3: πρὸς τούτῳ διδάσκομεν αὐτὸν, ὅτι γεγραμμένην σαύραν ἢ πίθηκον ἢ Θερσίτου πρόσωπον ἰδόντες ἡδόμεθα καὶ θαυμάζομεν, οὐχ ὡς καλὸν, ἀλλ' ὡς ὅμοιον. Οὐσία μὲν γὰρ οὐ δύναται καλὸν γενέσθαι τὸ αἰσχρόν · ἡ δὲ μίμησις, ἄν τε περὶ φαῦλον, ἄν τε περὶ χρηστὸν ἐφίκηται τῆς ὁμοιότητος, ἐπαινεῖται · καὶ τοὐναντίον ἂν αἰσχροῦ σώματος εἰκόνα καλὴν παράσχῃ, τὸ πρέπον καὶ τὸ εἰκὸς οὐκ ἀπέδωκεν. Vgl. auch das häufig angeführte Wort des Lactant. epit. 25, 13: Nos quoties fabrefacta signa laudamus, vivere ea et spirare dicimus. Diese falsche Richtung in der Kunst, die Friedländer Ueb. d. Kunsts. S. 20 ff. mit Recht angreift und namentlich bei den Römern tadelt, hat C. F. Herrmann meiner Ansicht nach vergeblich zu vertheidigen gesucht, Ueb. d. Kunsts. S. 52 fg. (vgl. Friedländer i. d. Neuen Jahrb. f. Phil. u. Pädag. LXXIII S. 391 ff.).

Ueberhaupt scheint es zu jener Zeit mit dem Kunstverständniss nicht blos bei den Römern, sondern auch bei den Griechen, recht schlecht bestellt gewesen zu sein. Es liegt mir fern, diesen Punkt, über den schon genügend und ausführlich von unterrichteterer Seite gehandelt worden ist, hier noch einmal zu erörtern; ich will nur kurz die hauptsächlichsten darauf bezüglichen Momente hervorheben, weil dies zum Verständniss der ganzen Kunstrichtung jener Zeit nothwendig ist. — Während ein grosser Theil der damaligen Gebildeten, die sich mit der Philosophie beschäftigten, namentlich die zum Stoicismus hinneigenden Römer, Kunstverständniss und Bekanntschaft mit den hervorragendsten Werken der tüchtigsten Meister entweder für der Mühe nicht werth hielten (Cic. Verr. IV, 2, 4) oder mit rigoristischer Strenge jede Beschäftigung mit der bildenden Kunst verdammten und ihr Anathema gegen Alle, welche Denkmäler sammelten und bewunderten, schleuderten (Sen. epp. 88, 15; ebd. 115, 8), gab es gleichzeitig eine andere Klasse von Gebildeten, die das andere Extrem verfolgend gerade in der Kenntniss der Kunst und der Kunstwerke einen ganz besondern Ruhm suchten. Dies an sich lobenswerthe Streben wurde aber dadurch zu eitlem Schein und Spiegelfechterei, dass diese reichen Leute, oft Parvenus, keineswegs eine gründliche Bildung genossen hatten und im Sammeln ihrer Kunstschätze und in deren Beurtheilung mit jener Oberflächlichkeit zu Werke gingen, wie wir sie auch heute noch sehr oft bei sogenannten Kunstmäcenen finden. Diese ganze Klasse wird am besten characterisirt durch Petrons Trimalchio, der seinen staunenden Gästen stolz das herrliche Bildwerk, wie Dädalus die Niobe ins trojanische Pferd einschliesst, erklärt und selbstbewusst hinzusetzt, seine Kunstkennerschaft sei ihm um kein Geld feil. (Cap. 57). Und nicht nur bei Leuten seines Schlages herrschte dieses eingebildete Kunstverständniss, selbst Unterrichtetere setzten ihren Stolz darein, die Verfertiger von Kunstwerken aus diesen selbst auf der Stelle erkennen zu können (Stat. silv. IV, 6, 20 sqq.; vgl. Hor. sat. II, 3, 22); und wie viel dabei die Einbildung und die Speichelleckerei von Freunden und Clienten gethan haben mag, um einem Nonius Vindex diesen Ruhm zu verschaffen, liegt klar am Tage. Wie viel verständiger auch in diesem Punkt die Griechen, als die Römer dachten, zeigt eine Stelle des Dion. Halic. de adm. vi dic. in Dem. c. L p. 1108 (R), wo er sagt, die Künstler selbst wären ohne grosse Erfahrung und Uebung nicht im Stande zu unterscheiden, ob dies Werk von Polyklet, jenes von Phidias u. s. w. herrühre. Wie lächerlich, wenn sich ein dilettirender römischer Grosser diese Kenntniss anmasst. Mit vollem Recht behauptet Friedländer Ueb. d. Kunsts. etc., dass die Römer überhaupt an Sinn und Verständniss für die Kunst von den Griechen weit überragt worden seien; und damit stimmt es vollkommen, wenn ebenders. Neue Jahrb. etc. a. a. O. zur Unterstützung dieser Behauptung es betont, dass wir bei keinem einzigen römischen Schriftsteller eine so vollendete und von tiefem Kunstverständniss zeugende Beschreibung eines Kunstwerkes fänden, wie die der knidischen Venus bei Lucian. Welch thörichte und unpassende Vorstellungen z. B. der jüngere Plinius, ein sonst hochgebildeter und in der Litteratur so bewanderter Mann, von der Aufgabe der Kunst hat, zeigt nicht nur jene panegyrische Beschreibung eines ganz unbedeutenden und jedes höheren Werthes entbehrenden Werkes, wo er selbst gesteht, von Kunst nicht viel zu verstehen, sondern auch noch einige andere Stellen, wie Epp. I, 20, 5 und namentlich I, 10, 4, wo er die seltsame Ansicht ausspricht, nur Künstler dürften über ein Kunstwerk urtheilen, was Lessing bekanntlich damit verglich, dass auch nur ein Koch sollte entscheiden dürfen, ob eine Suppe versalzen sei; und auch hier trifft wiederum der verständige Dionys von Halikarnass den Nagel auf den Kopf, wenn er auch den Laien das Recht, über ein Kunstwerk zu urtheilen, zuerkennt[1]): de Thuc. jud. c. IV, p. 817: οὐδὲ γὰρ τὰς Ἀπέλλου καὶ Ζεύξιδος τέχνας οἱ μὴ τὰς αὐτὰς ἔχοντες ἐκείνοις ἀρετὰς κρίνειν κεκώλυνται · . . . ἐῶ γὰρ λέγειν ὅτι πολλῶν ἔργων οὐχ ἥττων τοῦ τεχνίτου κριτὴς ὁ ἰδιώτης τῶν τε δι' αἰσθήσεως ἀλόγου τοῖς πάθεσι καταλαμβανομένων · καὶ ὅτι πᾶσα τέχνη τούτων στοχάζεται τῶν κριτηρίων καὶ ἀπὸ τούτων λαμβάνει τὴν ἀρχήν.

Dass Diejenigen, die den Römern Kunstsinn vindiciren wollen, indem sie auf die von ihnen zum Besuche von Kunstwerken unternommenen weiten Reisen[2]) hinweisen, durchaus kein schlagendes Argument beibringen, hat Friedländer, Bild. a. d. Sittengesch. Roms II, 101 ff. gezeigt, indem er darauf aufmerksam macht, dass diese Touristen bei ihren Reisen nur nach Merkwürdigkeiten forschen und nicht nur die Orte besuchen, wo berühmte Kunstwerke sind, sondern überhaupt alle Punkte, die durch irgend einen Umstand Ruf erlangt haben, — kurz, dass die Mehrzahl Leute waren, für die z. B. das Fell des kalydonischen Ebers[3]) oder das Ei der Leda[4]) ungefähr dasselbe Interesse hatte', wie der olympische Zeus. Aeusserst characteristisch für die Weise, auf welche die Meisten ein Kunstwerk betrachteten, sind die Worte des Tacitus, Dial. de or. 10: *ut semel vidit, transit et contentus est, ut si picturam aliquam vel statuam vidisset.* — Ebensowenig darf man die reichen Sammlungen von Kunstschätzen, von Statuen und Gemälden anführen, welche die vornehmen Römer in ihren Villen aufbewahrten, denn auch diese waren meistens keineswegs aus Liebe zur Kunst hervorgegangen, sondern verdankten ihre Entstehung theils der Prunksucht, theils ahmte man darin dem von allerhöchster Stelle gegebenen Beispiele nach, theils war es, wie so manches Andere, eben Modesache. Friedländer Ueb. d. Kunsts. S. 35 ff. hat nicht ohne Grund die Vermuthung ausgesprochen, dass die meisten oder wenigstens ein grosser Theil der in diesen Sammlungen aufgespeicherten Kunstwerke nicht die Originalwerke der Künstler waren,

---

[1]) Vgl. Symm. epp. I, 29: *Nam et Phidiae Olympium Jovem et Myronis buculam et Polycleti canephoras rudis ejus artis hominum pars magna mirata est. Intelligendi natura indulgentius patet.*

[2]) Vgl. Cic. Verr. II, 2, 4; Plin. XXXVI, 20 u. 22; Strabo XX, 25 p. 410; Epict. diss. I, 6, 23; Lucil. Aetna 588 sqq. u. s.

[3]) Vgl. Luc. adv. indoct. 14; Paus. VIII, 47, 2

[4]) Vgl. Paus. III, 16, 2.

unter deren Namen sie vom Besitzer den Besuchern gezeigt und von poetisch begabten Freunden besungen wurden, sondern simple Copieen, — sei es nun, dass die Besitzer dies wussten, sei es, dass auch sie nichts Anderes als betrogene Betrüger waren. Ist es doch bekannt genug und wird namentlich durch Phaedrus V praef. ausdrücklich bezeugt, dass manche obscure Künstler, um ihrem Werke höhern Werth zu verleihen, sich nicht scheuten, eine offenbare Fälschung zu begehen, indem sie die Namen alter berühmter Künstler darauf setzten und selbst den Namen eines Praxiteles oder Myron zu missbrauchen nicht Anstand nahmen [1]). Ausführlicher mich hierüber auszulassen ist überflüssig, da Friedländer a. a. O. die betreffenden Stellen der alten Schriftsteller zusammengestellt und dargethan hat, was es mit jenen Kunstschätzen des Manlius Vopiscus oder Pollius Felix vermuthlich auf sich hatte. Wie viel jene Sitte, von der wir oben sprachen, Copieen den Namen der ursprünglichen Meister beizulegen, vielleicht auch diese ohne Weiteres darauf zu schreiben [2]), dazu beigetragen haben mag, betrügerischen Künstlern ihre Fälschungen zu erleichtern, brauche ich wohl kaum hervorzuheben [3]), da es unter den Dilettanten wohl nur Wenige gegeben haben mag, die so viel von der Kunst verstanden, dass sie Copieen vom Original zu unterscheiden im Stande gewesen wären, wenn auch den Künstlern selbst, Malern und Bildhauern, diese Fähigkeit nicht abgesprochen werden darf, wie das Dion. Hal. de Dinarch c. VII, p. 644 hervorhebt.

Den doch immerhin anerkennenswerthen Zweck, gleichzeitige Künstler in ihrem Streben durch Ankauf ihrer Werke aufzumuntern und zu unterstützen, verfolgten diese Sammler nie; ihr ganzes Streben ging darauf aus, Werke älterer Meister zu besitzen: je älter je besser; je verwitterter der Marmor, je abgeschabter das Metall, um so grösser der Werth. Man kann sich denken, wie diese Liebhaberei kunstfertige und geschickte Leute zu Fälschungen muss angespornt haben, wenn sie wussten, dass sie für ihre Mühe, ihren Werken den Anschein hohen Alters zu verleihen, reichlich bezahlt wurden. Wie mit Statuen- und Metallarbeiten, war es auch mit Gemälden; auch unter

---

[1]) Es ist keineswegs ganz und gar abzuweisen, dass selbst die berühmte, von Martial und Statius besungene Statuette des Herakles epitrapezios im Besitz des Nonius Vindex nicht das Original von der Hand des Lysipp, sondern nur eine Copie war. Vgl. Stephani, Ausruhend. Herakl. S. 151.

[2]) Leider ist mir die Schrift von Beck: De nominibus artificum in monumentis artium interpolatis, nicht zugänglich gewesen.

[3]) Auf diese Sitte mag es wohl auch zurückzuführen sein, dass wir ziemlich häufig auf Kunstwerken ganz untergeordneten Ranges die Namen bedeutender Künstler finden, wie den des Kalamis (Brunn, Gr. Künstl. I, 127 fg.), des Myron (ebd. 146), des Phidias (ebd. 186 fg.). — Zur Verbreitung und Befestigung von dergleichen Irrthümern mag auch das nicht von geringem Einfluss gewesen sein, dass die späteren Künstler sich mitunter in widerwärtiger Eitelkeit die Namen berühmter älterer Meister beilegten, wie den des Phidias (Brunn I, 610), Leochares (ebd. 555), Kephisodot (ebd.), Praxiteles (ebd. 621). Vgl. Friedländer, Sittengesch. II, 392 fg.

den von Lucian De Domo beschriebenen Copieen befindet sich eine παλαιὰ γραφή. Vgl. Plin. XXXV, 4: *inter haec pinacothecas veteribus tabulis consuunt;* und bei Petron 88 unterhalten sich Einige über die *aetates tabularum.* Aber am meisten verlegten sich diese Antiquitäten-Sammler auf toreutische Werke; und wie wir beim Horaz und namentlich bei Martial diese lächerliche Liebhaberei vielfach erwähnt und verspottet finden, so hat auch Lucian sie nicht ganz übergangen: Lexiph. 7 werden von Mentor gefertigte Becher und Therikleische Gefässe erwähnt.

Ueberhaupt hatte jenes immer tiefer sinkende, immer schneller seinem Sturz entgegeneilende Zeitalter keinen Sinn mehr für Hohes und Schönes, für Litteratur und Kunst; und dass die meisten Leute Gold und Silber den grössten Kunstwerken unbedingt vorzogen, ist eine Thatsache, welche die Schriftsteller der damaligen Zeit ebensowenig verkannten, als sie leider auch in der heutigen Zeit oft und mit Recht hervorgehoben wird. Mit klaren und deutlichen Worten spricht das Petron aus c. 88: *Nolito mirari, si pictura deficit, cum omnibus diis hominibusque formosior videatur massa auri, quam quidquid Apelles Phidiasve Graeculi delirantes fecere;* und auf nichts Anderes, als eben darauf, kann sich der Scherz Lucians beziehen, wenn Jup. trag. 7 fg. Zeus dem Hermes befiehlt, dass unter den zur Versammlung zusammenberufenen Götterbildern die goldenen und silbernen den ersten Platz einnehmen sollen: ἐν προεδρίᾳ μὲν τοὺς χρυσοῦς, εἶτα ἐπὶ τούτοις τοὺς ἀργυροῦς, εἶτα ἑξῆς ὁπόσοι ἐλεφάντινοι, εἶτα τοὺς χαλκοῦς ἢ λιθίνους καὶ ἐν αὐτοῖς τούτοις οἱ Φειδίου κτλ. Und als Hermes verwundert fragt, ob nicht das Material dem Kunstwerthe weichen solle, antwortet der vollkommen mit seiner Zeit fortgeschrittene Donnergott: ἐχρῆν μὲν οὕτως — ἀλλ' ὁ χρυσὸς ὅμως προτιμητέος. Und so kommt es denn, dass fremde Götter, wie Bendis, Anubis, Attis, Mithras, Men, deren Cultus schon lange in die alte Religion eingedrungen war und die mit orientalischem Luxus in edlen Metallen dargestellt die Häuser der Reichen schmückten, in der Versammlung die Proedria erhalten; und so mochten sie wohl auch den Besitzern des kostbaren Stoffes wegen mehr gelten, als alle ehernen oder marmornen Schöpfungen eines Polyklet oder Phidias.

Ueber den Aberglauben nicht nur des gemeinen Mannes, sondern selbst der Gebildeteren jener Zeit, welche allen Ernstes glaubten, dass es wunderthätige Statuen gebe, habe ich schon im 1. Kap. gesprochen. Ich erwähne hier blos noch beiläufig, dass Eukrates die Brust jener Statue, welche ihn vom Fieber curirt hatte, aus Dankbarkeit vergoldet, ein Gebrauch, der auch bei andern Schriftstellern mehrfach erwähnt wird, vgl. Jahn z. Pers. II, 55; Schubert im Rhein. Mus. N. F. XV, 99 fg.

Schliesslich noch einige Worte über die sogenannten Periegeten, deren auch Lucian einige Male Erwähnung thut. Ein Perieget erklärt ihm jenes Gemälde von der Verleumdung und erläutert ihm die einzelnen allegorischen Figuren; dieser Perieget ist es auch ohne Zweifel, dem wir die Fabel vom Apelles verdanken, über die wir oben gesprochen haben. (Vgl. S. 41). Periegeten sind vermuthlich auch die Leute, welche dem Lucian, der sich bald nach seiner Ankunft in Rhodus die im Dionysium befindlichen Gemälde beschaut, die zu Grunde liegenden Mythen „um einen geringen Lohn" (ὀλίγου διαφόρου) erzählen (Amor. 8). Aus Philops. 4 geht hervor, dass diese Leute meist ganz wunderbare und lügnerische Geschichten erzählten: εἰ γοῦν τις ἀφέλοι τὰ μυθώδη ταῦτα ἐκ τῆς Ἑλλάδος. οὐδὲν ἂν κωλύσαι λιμῷ τοὺς περιηγητὰς αὐτῶν διαφθαρῆναι μηδὲ ἀμισθὶ τῶν ξένων τἀληθὲς ἀκούειν ἐθελησάντων. Die Schuld lag freilich, wie aus dieser Stelle hervorgeht, ebensosehr an den Reisenden, wie an den Periegeten; denn da Jene ganz besonders dergleichen Histörchen zu hören begehrten, so liessen sich Diese natürlich es angelegen sein, entweder alte Geschichten mannigfaltig auszuschmücken und zu verändern, oder gar neue zu erfinden; je wunderbarer und unterhaltender ihre Geschichten waren, um so grösser wurde ja auch das Trinkgeld, das sie für ihre Dienste belohnte, denn nicht alle Touristen, die Griechenlands Tempel und Denkmäler besuchten, mögen so gebildet gewesen sein, wie die, welche bei Plutarch in seiner Schrift *De Pythiae oraculis* im Tempel zu Delphi von der Geschwätzigkeit der alle möglichen Kleinigkeiten auskramenden Ciceroni geplagt, dieselben endlich dadurch zum Schweigen bringen, dass sie ihnen einige sehr einfache Fragen vorlegen, welche die darauf nicht vorbereiteten Fremdenführer nicht zu beantworten wissen.

— Kein Reisender, der Kunstschätze oder sonstige Merkwürdigkeiten sehen wollte, konnte diesen Quälgeistern entgehen; überall boten sie den Fremden ihre Dienste an, und vortrefflich characterisirt Lucian diese Plage der Reisenden Ver. hist. II, 31, wo er den Scherz anbringt, dass selbst im Hades, den der Erzähler jener „wahren Geschichten" besucht, Periegeten sind, die nichts Eiligeres zu thun haben, als sich des neuen Ankömmlings zu bemächtigen, dem sie nun die Einrichtung der Unterwelt erklären, die einzelnen Verdammten zeigen und ihr Leben, ihre Schuld und ihre Strafe des Langen und Breiten erzählen. Und wie Charon bei seinem Besuch der Oberwelt eben oben angelangt seinen Begleiter Hermes bittet (Char. seu Contempl. 1): περιήγησαι τὰ ἐν βίῳ ἅπαντα, so ersucht Menippus, sobald er aus Charons Nachen an's Land gestiegen ist, im Hades den Aeakus, wie einen Mystagogen: περιήγησαί μοι τὰ ἐν ᾅδου πάντα. (Vgl. die Anm. von Hemsterhuys z. d. St.).